完整，
來自我們接納全部的自己。

在不完美的生活裡，找到完整的自己

To become a better self

艾爾文 著

suncolor 三采文化

Contents

輯二

自己之間

你很好，記得擁抱內在的自己

輯三
好壞之間
你的努力，將把最好的帶到眼前

輯四

聚散之間

定好界線，最重要的是自己

輯五

得失之間

態度，決定你的嚮往走向何處

作者序

如果說，人跟憂鬱之間有個距離，這兩年是我跟它最接近的時候。

在前著《你，很好》出版後，寫書的重心即被抽離，突如其來的掏空感尾隨浮現。這感受對我原本並不陌生，畢竟寫作本身就是一種深掘自己的過程。而且我在新舊工作之間切換時通常也會碰到，感覺就像誤觸下一首音樂的播放鍵，耳朵過陣子才能適應新的節奏。

但這次不一樣，我有一種不斷往下墜落的感覺。

以往我會先放下手邊工作，藉由閱讀、聽音樂或旅行來沉澱自己，推開心上的一扇窗，試著讓裡面緊繃的空氣濃度降低，同時讓新的訊息流動進來，生活的節奏便會漸漸恢復。

但沒有恢復。一個月後沒有，三個月後沒有，再過半年還是沒有，那股墜落感並沒有要被什麼東西接住的樣子。隨著時間經過，我更是莫名地茫然起來。

是工作上失去目標嗎？或許是，但如果只是工作問題還算好克服，坐下來列幾個清單就能再次出發，何況我定期寫文、發文的習慣依舊進行著。是對生活不滿足嗎？應該不是，因為我對現況感到滿意，經濟上短期內也有足夠的安全感，而且平時還能自在調配工作時間，內容也多數跟喜歡的寫作相關。能有今天，我已經是幸運的人。

但為什麼，我心裡找不到一個足以支撐自己的地方。看著電視、網路用各種負面訊息企圖搶奪人的注意力，心情更加沉重起來。人生好累，生活好忙，我到底在做什麼？

「到底怎麼了？為什麼如此努力，日子還是走到這一步？」

類似問題我曾問過自己兩次。一次是學生時期因為戀情失敗而終日鬱悶，沒有心情上課。另一次是出社會後因為職涯困擾而恐慌迷惘，沒有動力生活。這兩次我都是透過閱讀走了出來，重新認識自己，為自己注入新的力量。

於是，我關掉了電視，減少工作外的上網次數，花更多時間沉浸在書的世界裡；或者說，我躲了進去。就跟我過去面對困難的方法一樣，透過書本尋找修復自己的方法，試著用寫作來記錄跟自己對話的心情。雖然我沒有把握是否能找到答案，但知道它早晚會回應我的訴求。

這本書寫的就是後來發生的事。經過兩年多的沉澱，我試著用各種角度探索自己，有已經發生的過去，有還沒發生但煩惱的未來。有些事在發生當下世界如同翻覆，但後續再也不見起伏，有些事看似不起眼地發生，卻默默地滲透了生命。有些事我自己還沒過去，有些事如今已能輕描淡寫。

其實這兩年來我不只一次問了自己，單純地生活不是很好嗎？但我忍不住，只能任由這條意識河流運載著我，也試著去理解更多讀者留給我的訊息，從中體會我有或我沒有的焦慮。我回想自己生命中快樂與悲傷的事，觸摸在某個時刻留下的疤痕，檢視那些曾經以為走不過卻終究度過的問題。

我打開心中幾個許久沒開啟的抽屜，翻閱裡面的老舊照片，試圖從回憶中喚醒當時的情緒。有些抽屜已經被我鎖了很久，有些其實早已被我忘記。有些抽屜在開啟後隨即倒抽一口氣猛然闔上，有些抽屜則讓我懷疑這幾年被我藏去哪裡。

在這反覆開啟、闔上的過程，我看似在尋找答案，但好像尋找的本身已經是解答。我漸漸地體會到，人生中很多的問題，不會有人替你解決，政府不會、公司不會、父母不會、別人不會，只有你自己能解決。

只有你，能為自己活。

於是，我的墜落感也消失了。

●●●

我有幸在學生時期接觸到心理學，雖然這門學科跟我讀的電子工程內容截然不同，但心理學才是我在失戀時，沒有讓我溺死的那條繩子。沒想到這樣一接觸就過了十多年，雖然我從沒將心理學視作自己的專長，但每每在回顧過往時，都驚覺它幫了我多少。

這本書並非要說明心理學，提到的比例甚至很少，更多的是我借助心理學尋找答案時獲取的體會。這兩年中我踏入一些新的工作領域，遇到不少挑戰跟打擊，有些克服了有些還在掙扎。趁著工作空檔也到了一些沒想過會去的地方旅行，期待從陌生的路尋找熟悉的自己。人生的旅程好像也是，走向陌生又令人躊躇的未來，是為了提醒自己的存在。

書中開篇的主題跟「完不完美」有關，我曾經在其他著作中簡短提過，這次則輔以更多故事來闡述。其他篇主題依序為自己、好壞、聚散、得失，分別談到接納自我、用心成長、人際關係、追尋意義。有別於用章節做區別，這次用了「輯」來劃分（謝謝編輯微宣的巧思），每一輯名稱我再以「之間」來表示，希望在你我各自不同的生活矛盾之中，尋覓到心中嚮往的平衡感，而不是被繁忙的生活推擠到某個極端，陷入了非黑即白的思維盲點。

至於為什麼用「不需追求完美」作為全書主軸？或許跟我自己的掙扎有關，也覺得跟現今社會上存在的問題有關。

如今，我們活在一個物質充裕的時代，卻也活在一個心靈匱乏的年代。無論是媒體或廣告的催促，或是社會過度宣揚的價值，愈來愈多人的生存觀逐漸從「應該擁有什麼」，被導向成「其實還缺少什麼」。人性的出廠設定，總是恐慌自己跟不上眾人的腳步，當這個世界處處在提醒人們還缺少什麼的時候，恐懼、焦慮、壓力都會無法克制地浮現出來。

因此我希望透過這本書，跟你分享我取得平靜的過程。就如同這兩年我拚命想接住自己一樣。

• • •

多年前寫了一篇至今沒發表過的短文，當時覺得好像有些什麼還沒觸碰到，因此將它靜靜地收在寫作的資料夾裡。如今覺得可以跟著這本書出現了，放在這裡用作結尾：

幸福的人，不是因為對什麼都滿意了，而是知道人生本來就無法什麼都滿意。

你是否會想回到過去的某段時光？成為大人後的世界，到處充滿苦悶與焦慮。但如果真的能回去，代價是失去現在擁有的某些人、某些事、某些回憶，你還願意嗎？

想想，遺憾的事之所以美好，是因為虛構在沒有發生的想像之中。如果有機會重新來過，或有智慧重新選擇，沒有人可以確定事情的發展就會更好，搞不好變得更差。我們人，總是把沒經歷到的事情想得過於完美，忽略自己到底能不能承擔代價；忽略了幸福不只是透過追尋，更應該透過珍惜。

無論你現在過得如何，是不是完全喜歡現在的生活，願你也相信，事情的發展總是朝向更好的方向，而生活的不完美，其實就是它最美的樣子。

我看似在尋找答案，
但好像尋找的本身已經是解答。

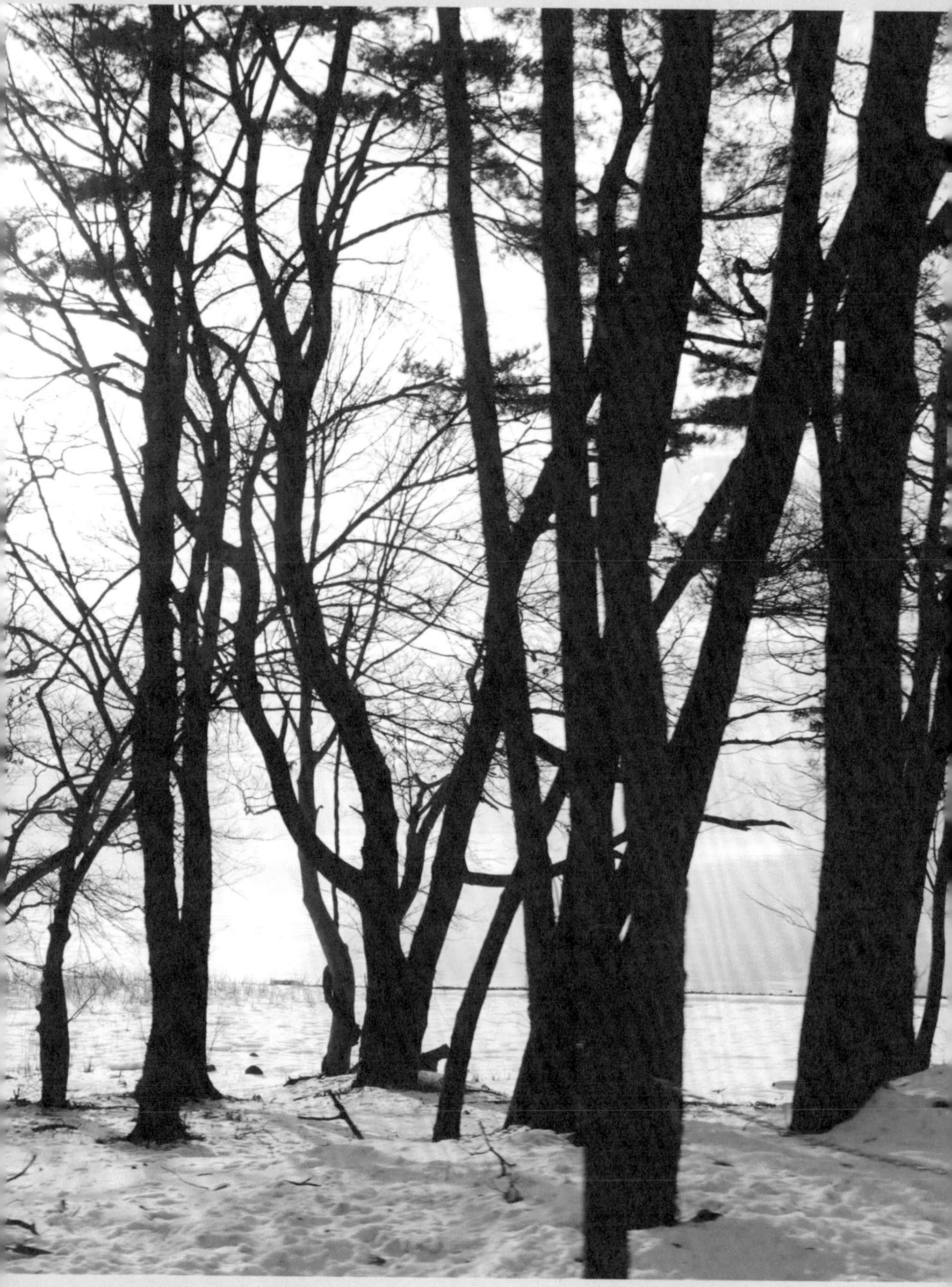

輯一 /

完美之間

成長的勇氣，在於邊跌撞邊前行

沒有不會跌倒的人生，
也沒有爬不出來的坑洞。
努力用更好的自己，期待更好的將來。

生活過得好，
並非獲得自己想要的，
而是記得自己擁有的

艾語錄

不是因為生活變好了你才快樂，
是因為你先快樂了，生活才變好。
不是因為壞事消失了你才遇到好事，
是你先關注周圍的好事了，壞事才慢慢消失。

其實，快不快樂、幸不幸福、過得好不好，
不只是如何尋找的問題，也是順序的問題，
順序不一樣，答案不一樣，
人生也就不一樣。

生活不會每天都事事順利，
所以我們才要學會順其自然。
用平常心，品嘗生活點滴，
用喜歡的自己，收拾好心中的每個角落。

我人生旅行的第一個國家是帛琉，那是一個會用海龜圖案當車牌標示的海島國家，可愛到當時想把導遊的車牌拔下來帶回家收藏。

會選擇帛琉作為首次旅行的原因，是據說帛琉被評為世界上最該去的潛水景點之一。當時心中單純地想：「既然從沒有浮潛過，要去就去最厲害的地方吧！」確實，帛琉的水下美景至今依然令我印象深刻，也是我目前唯一浮潛過的地方。

還記得帶團的導遊跟我分享，他十多年前來過一次帛琉後就對這片土地念念不忘，最後決定在帛琉定居下來，如今對這座島嶼已經有很深的情感。說完他隨即邊吼叫邊奔入大海，簡單地享受每一天都在過的生活。這是令人多夢寐以求的感動。

不過那趟帛琉行讓我最懷念的，還是那一晚無人島的行程。躺在海灘上看著星空，圍在烤爐旁吃晚餐，以及那件我這輩子可能忘也忘不掉的事。

當天下午我們從主島搭小船出發，登上無人島後夜色漸黑，距離已將主島的人工光源吸得一乾二淨，漁火也隨著月亮爬升漸漸遠離。抬頭看每顆星星都如此立體，銀白的點點搭配深邃的黑，那是調色都調不出來的畫面。

晚間炭烤活動即將開始。只見當地導遊準備出海徒手捕魚，卻突然邀請同團男生一起體驗。我沒想太多，心中認為不過就是游個泳而已，也就跟著幾個團員陸續走到岸邊。可是當我靠向夜晚的大海後才發現，在失去陽光的照射下，白天印象中藍色的大海瞬間變成暗黑的浪潮，連月光都逃不過黑暗而被吸盡，潮汐聲也不再如白天般浪漫。

「要不要退出好了？」恐懼感不自覺從心底浮現上來。

還沒來得及思考，全體人員已經整好隊即將出發。留在岸上的旅行社導遊再三叮嚀要小心夜晚未知的海域和潮汐，並囑咐每個人把右手搭在前方隊友的右肩上抓好。語畢，出發！

隨著腳底一步步接近海水，對於未知的緊張感也從胸口傳達到右手，當冰冷的海水淹過腳踝時，我不自覺掐了隊友的右肩一下。沒多久，我的右肩也被掐了一下。

走在隊伍最前方的是一位當地導遊，我們都相信他熟悉水性，搞不好這一切都是安排好的橋段，但我的大腦還是忍不住亮起擔憂的警報器。觸碰到海水的冰冷感，被黑夜奪走的視線，我的求生意志完全——也只能——寄託在隊友的右肩上。

一瞬間，我腦中閃過小時候在泳池差點溺死的經驗。

當時不到十歲，才剛學會游泳的我獨自在泳池時突然換氣不順，焦急感使得身體僵硬浮不起來，接著被水嗆到更是開始驚慌。我當下完全忘了游泳課的練習，只會本能地擺動雙手拚命掙扎。然而愈掙扎，身體愈是浮不上來，我的嘴巴也因此吃進更多的水。

我死命地划動，也拚命地在心裡喊叫，希望周圍的一位大人有注意到我。或許從他角度看只是一個小孩在胡鬧戲水，沒多久他就旋身往遠方離去。

我只好憑本能繼續亂划，眼前視線與攪動出來的水花、氣泡扭曲在一起，身體彷彿被水束縛。我不太確定我是往哪個方向划去，那個當下，我竟然意識到生命可能就此結束。

所幸，最後掙扎划動是把自己帶向池畔，心情也在指尖觸碰到牆壁後冷靜下來，拖著顫抖的身體想要盡快逃離那座泳池。我知道，若當時划動的方向是另一邊，我真的會溺死。

「出發囉！」聽到導遊聲音隨即回神，我的專注力也重新放在前方隊友的右肩上，一群人如同行軍般陸續走進黑冷的大海中。下水後，雖然依稀可見前方團員，但我完全不知道隊伍是往哪個方向游，只好緊跟著隊友。是象徵性地在繞圈打轉嗎？還是往更深的水域游去？失去方向的恐懼就如同我在泳池溺水的那天，感覺是過了很久，導遊才領著我們掉頭往岸邊游去。

回到沙灘後我下意識回頭看那片大海，透過月光的指引，才發現導遊手裡抓著一隻超大的活龍蝦，岸上留守的其他團員則是既訝異又興奮，在前方引導我們走入狂歡的派對，好似我剛剛恐懼的一切只是個通往驚喜的密道。幾個小時內歷經期待到恐懼再到興奮，情緒的波動因此鮮豔了視線，那晚有好多畫面清晰地被我錄進回憶裡，此刻也正在我腦海裡重新上演著。

生命中許多事就是這樣，有些事很難再想起來，只能任由它在記憶裡漂泊，或深或淺，等某天它自己浮現。而有些事，就算要忘好像也忘不掉，裡頭也許伴著愉悅，也可能是痛楚。

雖然這是發生在許多年前的事，但隨著時間的推移以及生活的堆積，我開始理解當時還模糊的感覺：**多數時候，人對壞事的擔憂皆來自於想像，人身的安全感雖然決定於環境，但心理的安全感終究決定於自己**。如同島上那片大海在失去光線後讓人感覺特別黑，但其實它依然是早上那片大海，連綿的是同一片沙灘，若我在下水前一刻退出沒有跟著去抓魚，或許此趟的帛琉行就不再令我如此回味。

人生的許多時刻，也是如此。無論我們在害怕什麼，還是在擔心什麼，甚至是不滿什麼，都是在事情的表面罩上一層自己的不安感，事情因而看起來特別危險，自己也看起來特別渺小，心情看起來更加糾結。

然後，匱乏感愈來愈重，活著的意義開始剝離，我們愈來愈擔心自己沒有能力面對，煩惱自己不夠好。

・・・

回顧目前的人生，我漸漸明白當時留存在帛琉行的這個體會：我們原本就擁有的事物，以及現在正在過的生活，其實已經足夠美好。能擁有現在的生活，無論好的壞的，也應該為自己毫無保留地驕傲。**許多時候人會把一件事想得太壞，導致焦點全放在那件事上面，任由周圍原本就有的美好漸漸消逝，或是錯過太多更好的可能**。

如果站在高空俯瞰每個人的生活，多數人過的日子似乎很像。早上拖著自己起床，接著忙碌地追著時鐘跑一圈，下班或假日就在悠閒與焦慮中度過。

久而久之，人會開始習慣這樣的循環。生活一天一天地翻頁，日子麻木地被時間推向前倒也省力，只是哪天想把人生剪輯成精華版，卻訝異翻不出太多素材。

其實，生活的一成不變，很多時候才是值得細細品味的地方。努力過著穩定的生活，是因為你知道未來沒什麼是確定的，生活看似平凡無奇，卻在一點一滴累積出更好的未來。或許我們無法成為這世界的獨一無二，但永遠可以是自己心中的與眾不同，可以持續學習變成更好的自己，但絕對不要否定現在的自己。

用心過好自己的生活，時間就會幫你過濾不好的事。生活中注定會有許多的不完美，所以我們都要練習看見周圍更多的美好，因為那才是自己會喜歡的樣子。

用心過好自己的生活，
時間就會幫你過濾不好的事。

人生中的每個錯誤，都有能力在未來彌補

艾語錄

所有的故事都會有結局，
然而所有的結局，也會開啟新的故事。

許多時候，我們會被生活壓得喘不過氣，
被現實逼到想躲起來。
你很努力，卻漸漸找不到意義。

只是生命的軌跡從來都是漂浮不定。
你現在的付出，
有時就是得等到將來才知道為了什麼。

堅持是一條孤獨的路，
但人在孤獨時才有辦法看清自己喜歡什麼。
所以，在事情變好之前，先把自己照顧好；
故事並非走到了結尾，
而是等著你用更好的自己翻頁。

回想起來，三十歲前的我是走在失敗與錯誤的選擇中，幸運的是，那些經歷彷彿是為了三十歲以後的我鋪路。

一切要從國中升高中的挫敗開始。當年還是聯考時代，原則上是考一次定江山，考完就兩條路：選填志願或明年再來。

對我來說那是個難過的一年，很多沒預料的事在短短幾個月蠻橫地踏進我的生命：家裡發生巨變，段考成績一落千丈，聯考放榜成績更是不如預期。有一陣子我對沒考好感到羞愧，甚至自卑，覺得問題都出在我的能力不夠，覺得我不值得存在這世上。

衡量未來出路，我後來選擇就讀排名靠前的技職學校。或許是漸漸走出家變的衝擊，我對於課業的信心恢復不少，接下來三年每次段考成績幾乎都排名第一，最後也以全校第一名畢業。

只是我可能真的跟大考無緣，本來期待穩定的成績會順利考到前兩志願的科技大學，沒想到四技二專的入學聯考再次失常，分數擠不進前三志願。起初打算重考一年，最後仍然選擇就讀，這是繼高中聯考失敗後，第二次感覺能力遭到否定。

不過話說回來，那次考試的失敗可能是我最美好的一次錯誤。若不是四技二專聯招的成績不如預期，我就不會在雲科大認識到志同道合的朋友，不會有機會創辦全新的社團，有機會發展自己喜歡的人格，有時間培養對於學習的好奇心。

也因為接連兩次升學考的失利，我在準備研究所考試時不敢有一絲鬆懈，而後有了就讀交大電信所的機會，在探索知識上建立起扎實的基礎。

雖然接下來的日子並非就一帆風順。研究所畢業後選擇服義務役，我體會到何謂白白浪費一年多的時間；服完兵役後選擇毫無興趣的工作，經常迷茫地早起又在夜晚迷惘地回家。真正的轉折點，還是因為後來健康出問題，逼得自己面對心中的聲音，讓我鼓起勇氣離開上班環境，找到真正有興趣做的事。

我在前著《你，很好》中寫過一句話：「事情後來會成功，通常不是走對了路，而是走過很多的路。」當我們努力踏穩腳下的每一步時，就好像在一塊泥濘地拓出了足跡，即使當下不清楚前方有什麼路，路也會在自己的腳下慢慢被走出來。重要的是，縱使後來失敗了或做錯了選擇，都要相信自己有機會在未來彌補。

要不是國中聯考失利，我不會走上技職體系的求學之路，能在後來擁有電子研發專長，找到一份薪資優渥的工作。大學沒考好，讓我繃緊神經看待研究所考試，才成功擠進錄取率低的熱門科系。也因為畢業後選擇服兵役，我有機會管理上百人的部隊，比同儕先熬出要工作好幾年才能有的領導力。

這一切看來，當下好像都只是一個點，也是一個又一個不完美的選擇，卻在後來漸漸連成了線，巧妙地牽引著我來到今天。

而我做的，也只是在當下努力踩穩那幾個點，不讓自己墜落。

面對未知，我們都希望自己能選到最好的路，把握到最好的發展機會。但要知道，**沒有人可以預測自己的選擇在將來能有多好，但都能夠努力讓那個選擇變得更好**。就像我們無法選擇用什麼方式來到這個世界，但我們可以選擇，用什麼心情活在這個世界，而不是等事情變好心情才跟著好。

想擁有更好的生活是人的本性，所以我們才會內建羨慕與嚮往的情緒，不自覺以周圍人的成就來區分自己的優劣，以社會上的成功形象當路標，決定該往哪裡去。

只是每個人都有不同的起點，若把人生視為爬山的路，有些人爬了很久才到山頂，有的人一出生就在山頂。這看似不公平，但如果你一直在乎別人的生活，嚮往別人爬的那座山，當然永遠會覺得不公平。關鍵在於，你在乎的是自己的生活，還是看著別人過活。細數自己的生活，會有很多的回憶，羨慕別人的生活，心裡只剩酸苦。

人生的起點跟終點都無從選擇，但兩端之間，盡是選擇。每一天要如何過，你都有決定的能力。你可以選擇埋怨生活過得不好，也可以期待生活過得更好。別忘了，**想比別人過得好，永遠找不到終點，追求比昨天的自己更好，每天都是新的一天**。

好壞有時，悲歡有時，起落有時，只要好好去過每一天，相信那些當下的失敗，都會漸漸被時間包裝成禮物，在未來的某一刻遞送到面前。

縱使後來失敗了或做錯了選擇，
都要相信自己有機會在未來彌補。

堅強，是為更好的生活堅持，為喜歡的自己強大

艾語錄

難聽的話就別聽，討厭的人就少見，
我們都無法控制別人看自己的角度。
生命本來就有它的節奏，
開不開心，你都要過完接下來的一天；
好或不好，舊事依然以它的樣貌繼續存在。

所以，不要放棄想要的生活，
更不能忘記喜歡的自己。
別人說你好不好，不關你的事，
你怎麼看待自己，才是一輩子的事。

你有過嗎，覺得做人為什麼要那麼累？

做不好別人有意見，做得好也沒人看見。

被親戚埋怨，被老闆刁難，被同事揶揄，被旁觀者調侃，被周圍的人看扁。你的努力在別人眼裡，竟然都成了嘲笑的理由。

然而，凡需要努力的事，都是會累的事，沒有什麼事情輕鬆就能做好。箭會射到你身上，也是因為你有勇氣走在前方。

這個世界不好混，有時還會需要掙扎抵抗，你必須相當努力，才能過著看似悠閒的生活。要處理很多累人的事，才能讓在乎你的人不用擔心。

我們終究不是機器，沒有無窮的生命去運轉身體，沒有無窮的心力去隱藏情緒。

生活是會考驗你，但不是要你討厭自己，你會需要努力，但不是要讓自己愈過愈無力。

重要的是，你如此努力，不是為了否定自己。

畢竟再怎麼努力都有失敗的可能，做得再好還是會有人看不起，這是事實，接不接受都會存在。關鍵在於，你是想成為他們相信的那個人，還是成為你想相信的那個自己。

累了，就慢慢走，偶爾停下來也沒關係，如果你不懂得休息，又如何懂得前進。夜雖長，但天遲早會亮，路雖遠，但終究有盡頭。好好喘口氣，日子不一定好過，所以更要學會開心地活。

持續去做該做的事，別讓那些批評成為你的生活重心，動口永遠比動手還容易。有天你會更明白的，他們批評的不是你喜歡的人生，而是他們討厭的自己。

• • •

那是發生在國小的時候，當時我正從補習班回家，不記得是上書法課還是數學課，也忘了當天為什麼急著想回家，只知道我一路用跑的，那股著急感就好像此刻生活為了趕上某件事的樣子。

家門口已經進入視線裡，離家已不到百步遠，我突然失去重心向前撲，膝蓋跟手心像是沒有輪子的滑板在地上擦磨，血也就從膝蓋的傷口滲出，迫不及待且興奮地冒出來接觸空氣，漸漸蔓延到整片小腿。乍看下是很嚴重的傷，但我是回到家後才發現流了那麼多血，跌倒的當下一點痛覺也沒有。或許那時就是努力地跑，邊跑邊期待回到家的那一刻，目標全放在急著去做某件事，所以忽略傷口正喊著痛。

就像現在，早已忘卻當時膝蓋上的擦傷有多刺，即使疤痕已經淡去，但這段記憶卻沒隨時間褪色。

有時想想，大腦跟時間真是神祕的組合。大腦會盡量遺忘不好的事情，時間在一旁做了最有力的幫手。你愈是努力生活，它們愈是努力平整你的記憶，久而久之，過往的苦、當下的痛，好似沒發生過。你體會不到當時有多傷心，卻還記得當時有多堅強。

人生就是這樣，用心生活可以帶自己到很多地方。**幸福，很少是張開雙臂就能得到，而是要努力抓住才會擁有。**

好好去過生活，這是對待自己最好的方法。努力過好每一天，欣賞自己的不同，然後要挨得住寂寞。你會發現，生活不會只有現在的樣子，而生命，其實還有更多的可能。

都是這樣的，不是有了幸福才要好好生活，而是先好好生活才會有幸福。

會有那麼一天的，那些不明就裡的批評，用謊話包裹的流言，都因為你的勇敢前進而消失在眼前。

面對問題，要麼變得強大解決它，要麼變得堅強無視它；人生愈是殘酷，我們就要活得愈精采。

慢慢走，
偶爾停下來也沒關係。

再見，完美

艾語錄

有些事，可以看破但別說破，
因為有些人禁不起被拆穿。

有些話，在心裡說就好，
因為不是每個人都聽得進去，
更不是每個人都能視為好意。

有些夢想，默默努力就好，
因為不是每個人都願意看好你，
更不是每個人都樂見你實現。

其實，天底下的人那麼多，
能懂你的終究只有幾個。
表面上成不成功，都是別人定義的，
內心過得好不好，永遠只有自己知道，
也永遠只有自己能決定。

一百分，是個表示學生成績優秀的判斷方法，看似合理，我卻是出社會後才開始疑惑，為何是用分數當作衡量學習的程度？

或許在當時學習氛圍的期待下，小時候的我也以考到一百分作為成績目標。只是若可以回到過去，我希望跟小時候的我說：有努力就好，一百分其實沒那麼重要。畢竟，考試成績頂多能反映現在學習的程度，無法預測未來能力的高度。

該警惕的是，考試能拿滿分確實該表揚，但是否暗示沒有滿分就是表現不好？從另一個角度看，封頂的滿分不也限制學生進步的空間？若一個經常拿高分的學生，升學後遇到學業成績比自己好的同學，或是出社會後碰到難度更大的挑戰，他是否能快速調整心態面對？

自從史丹佛大學教授卡蘿·杜維克分享她對思維模式的研究成果後，世人終於理解「成長心態」跟「定型心態」對人的影響。無論是學生看待課業，或是成人看待工作或事業，擁有哪一種心態幾乎決定後來的成果。

成長心態讓人有勇氣接受失敗的打擊，也更享受學習帶來的愉悅感。反之，定型心態讓人容易否定自己，厭惡自己的不完美，把學習視為壓力，排斥改變。

考量定型心態影響人的擔憂，杜維克教授也提到一個令人惋惜的故事：法國名廚貝爾納・盧瓦佐曲折的人生。

從青少年時期就立志要當上主廚的盧瓦佐，其精湛且創新的廚藝令人印象深刻，進入餐飲業沒幾年就被美食指南譽為天才，更以二十四歲之姿成為知名餐廳主廚，爬上許多人夢想一輩子的位置。

隨著名聲逐漸傳開，盧瓦佐主廚帶著他的料理創意一再征服人們對於美食的想像，更在一九八二年買下指派他擔任主廚的知名餐廳，並在後來的經營帶領下，一舉將該餐廳推上米其林三星的最高榮譽。

當時的他才剛滿四十歲而已，期間他出版了數本烹飪書，擁有以他指導為名的家常菜調理包系列，在美食之都的巴黎開了三家餐館，認真且努力地跟世界分享他對美食的熱情。

看似正邁入人生巔峰的盧瓦佐主廚，後來卻因為一則謠傳陷入深淵。

當時亞洲料理正席捲歐美的美食文化，傳統的法式料理也受到極大的挑戰，他的餐廳營收開始下滑。同時間，因為人們口味的轉變，連帶知名美食指南對於餐廳的評價也轉向。當時已經先有一本知名指南調降他的廚藝分數，市場更傳出另一本知名指南也將拔除他的餐廳一個星級。

盧瓦佐主廚對自我要求非常高，他專注於旁人無法察覺的細節，擁有高度的職業道德，味覺敏銳，凡事追求完美，當初他就是因此在美食界發光發熱。或許，也導致他的人生後來出現意外的轉折。

在餐廳經營與財務的壓力下，市場摘除星級的傳聞化為一顆真實的子彈，二〇〇三年名廚貝爾納．盧瓦佐在家舉槍自盡，享年五十二歲。手中的那把獵槍，據說是幾年前妻子送他的禮物。

在他死後，同為三星主廚的賈克．萊美露滋跟媒體轉述盧瓦佐生前告訴他的話：「如果我失去一顆星，我會殺了自己。」

不到一個月，傳聞會調降餐廳星級的那本美食指南，在眾人好奇下出版最新一冊評選書籍。已故主廚名下的餐廳依舊維持同樣的三星美譽。

如果去網路搜尋貝爾納．盧瓦佐的照片，會發現幾乎都是他那知名燦爛的笑容，很難想像他是用眾人皆錯愕的方式離開這世界，這一離別，也帶走人們對美食的想像空間。

你是否跟我有同樣的想法，訝異一個成就如此之高，一輩子都在從事自己熱愛工作的人，會因為別人或媒體的評斷而放棄自己。

然而事實上，**追求完美最大的陷阱就在這裡：無論你在旁人眼中過得多好，你永遠認為自己還是不夠好**。

也許想像中完美的樣子太迷人，或是追求完美已是種人類演化的機制，導致對未來的期待彷彿飛蛾看到的白光，不顧任何代價也要去。只是如果完美真的美好，為何會有如此多人處在生活的焦慮之中，會有那麼多周圍真正的美好，被別人評斷的眼光給遮蔽。

其實，會無端批評你的人，代表他的世界原本就充斥批評，會抹黑你的人，代表他手上原本就握著黑泥。事情很少是無緣無故的，一個人會刻意中傷你，很多時候只是你的日常變成他的威脅，一旦嫉妒的情緒吞不下去，他就改用嘴巴說出來。

被人造謠確實心情會不好，但我們又如何知道配合他們就會變得比較好？

很多時候，為了要做到不被別人討厭，代價反而是討厭自己。該爭取的就努力，該保護的不退縮，但不要拿自己的時間一直跟他們耗下去。你可以善良地對待，但不要委屈地求全，遇到那些惡意的喧囂，你努力地活著，已是最坦蕩地面對。

◎◎◎

或許你並不是追求完美的人，但不用是所謂的完美主義者，也可能因為錯誤看待自己而陷入追求完美的陷阱。想想看，你曾經有過以下情況嗎？

- 老闆怒氣沖沖走進辦公室，你開始擔心是自己犯了錯？
- 朋友表情突然沉下來，你開始焦慮自己說錯什麼？
- 一件事的結果不好，你開始煩惱各種「早知道」？
- 小孩無緣無故哭鬧，你內疚自己沒照顧好？

或者我進一步問，從小到大的學習過程中，當老師在臺上提問時，你是個會積極舉手的人嗎？

以我在演講中的經驗來看，多數人還是屬於不會主動舉手的人。或許是害羞，或許是問題過於私人，這都有可能，但我認為更可能的原因是擔心別人覺得自己的問題太簡單，害怕自己出糗。因為我自己也是！

擔心別人怎麼看自己，已經被隱藏在追求完美的表面下。

英國學者湯瑪斯・庫倫經由研究發現，愈來愈多的人有追求完美的傾向，原因包括從小到大以考試分數作為成功的導向，網路社群媒體的蓬勃發展，還有經濟多變的挑戰，以及當前社會文化對成功的錯誤期待。

事實上，現代人追求完美的原因也已經跟過往定義的「完美」不同，不再是把焦點放在事情本身，期待自己做得更多、更好，而是因為感受到社交壓力，覺得自己做得還不夠多、不夠好。

「從小到大我們被各個階段、無數次的考試，訓練成以分數或排名來界定自己是否成功。」庫倫說的這段話非常引人省思。

我想說的是，**這世界沒有完美的人，也沒有完美的生活，我們都有缺點，因為我們都是人，不能把自己推入追求完美的陷阱裡**。想在不可能完美的生活裡追求完美，是個非常危險的事，因為我們永遠沒有正確答案。

小時候的我們或許不懂，沒得選擇，只能順著課業成績的階梯往上爬，但長大後的我們都有選擇。人生是座專屬於自己的舞臺，如何表演是由自己決定，快樂很重要；能否有掌聲是由別人決定，不用去強求。

長愈大，愈應該體會這個道理：我們無法決定別人的決定。當你覺得表現很好時，別人可能只注意到你的缺失；當你覺得說的是無心話時，可能傳到第三個人就成了亂說話。

其實，絕對的好壞很少存在人與人之間。遇到不友善的人，你做得再好都可以批評，遇到支持你的人，你只要用心他就覺得完美。

這就是一座舞臺，人生是你的，隨自己的心去過，給掌聲的手是他人的，別人喜歡就好；有的話，好好享受，沒有的話，好好生活。

然後，永遠不要讓自己的快樂，被無法控制的事情左右。

你可以善良地對待，
但不要委屈地求全。

人無法決定事情的走向，但能決定心情的方向

艾語錄

不要把焦慮帶進夜裡，
不要讓煩惱跟到明天。

世上沒有輕鬆的得到，
誰都渴望過得好，誰都希望得人疼，
真正活得好的人往往不是起初最耀眼的，
反而是在一旁默默做的人，
用自己的步調，走自己的方向，
過充實的人生。

人生，遇到好事就開心地過，
遇到困難就細心地做，
明天是好是壞沒人知道，
但今天的平靜，由我們自己作主。

有一部電影，我用了二十年的時間才看懂，一部劇情跟現實完全脫鉤，卻又貼切地投射現實生活的電影——《今天暫時停止》。

在冬雪尚未融化之際，氣象主播菲爾不情願地被指派到小鎮採訪活動，回程當晚卻被暴風雪強行攔截只好在鎮上留宿。怪異點在於，採訪當天所發生的事情會在接下來每一天重複上演，每天早上六點菲爾會被同個廣播內容叫醒，出門遇見相同的人，他們穿著同樣的衣服，用同樣的方式跟他打招呼，所有一切都發生在同個時間、同個地點，分秒不差，生活彷彿像路邊循環播放的廣告看板。

劇情就從這詭異的事件揭開。菲爾失去對自己生活的控制權，他唯一能控制的，是當天如何「安排」自己過重複的日子。

起初菲爾還很興奮，因為所有人的記憶都會像電腦硬碟重置一樣被清掉，唯獨他記得所有事情，對他而言這根本是場美夢。每一天小鎮的人都以新朋友看待他，而他卻認識每一個人，如同暗中什麼都知道的未來使者，清楚小鎮居民的各種行為，能掌握一切的感覺讓菲爾覺得自己就是神。

菲爾進一步想，既然隔天所有事情都會重來，不就等於做任何事也沒關係嗎？他因此毫無節制地大吃大喝，和剛認識的異性發生親密關係，甚至還抓準時機從死角走近運鈔車，直接拿走一袋鈔票！

菲爾看似每天能胡作非為而過得有趣，但如同他原本的日子，新鮮的體驗很快就耗完。因為小鎮環境純樸，每天的趣事過個幾天都成了舊事，變化不大的生活也將他拉回現實，日子開始像玩具軌道火車不斷繞圈打轉。少了激情，菲爾漸漸對日子感到乏味，這場美夢逐漸變成他的噩夢。

菲爾原以為自己掌控了一切，其實他才是被一切掌控的人。對小鎮居民而言，因為每天的生活都重新歸零，並沒有重複過日子的煩惱，但對菲爾來說，縱使用盡方法想跳脫無限循環的日子，隔天依然要帶著記憶在六點鐘醒來。菲爾開始擔心，卻也漸漸明瞭，索然無味的生活就是剩餘的後半輩子。

然而，轉機的發生，往往就在人願意接受眼前的事實之後。

沮喪好一陣子後，菲爾意識到與其被動地重複過日子，倒不如主動把生活過得不一樣。雖然外面發生的事每天都相同，但他可以讓內心的體會因為做不同的事而變化。他開始學鋼琴，主動融入鎮上居民的生活習性，練習製作冰雕與鄰居同樂，去解救從樹上摔落的人，去幫助路邊無家可歸的遊民。

菲爾把原本無趣的每一天，認真過成充實的每一天，倒也因此認識許多朋友，結交到喜歡的女生，同時找到人生的真義。

⁂

如果可以，你會希望過著重複的每一天嗎？我想多數人並不會想過重複的生活，因為那代表每天要做一樣的事，吃一樣的三餐，過一樣的日子。運氣不好，每天還要面對一樣的倒楣事，遇見討厭的人。

雖然現代人每天過的日子看起來變化不大，都是在差不多的時間起床，差不多的時間出門，擠進同個班次的交通工具，面對幾乎同樣的人。但至少，平凡的日子中還是帶著些微的變化，若真的要過重複的日子，不必說肯定無趣。只是如同電影中的主角，就算每天在過重複的日子，如果願意化被動為主動，同樣可以把重複生活過得有意義。

我們確實要好好經營自己的人生，這是我在十多年前首次看到這部電影的體會，也一直提醒自己到現在。不過這還不是我對這部電影最大的感觸，是直到最近我才對這部電影有新的一層啟發，也發現原來之前我還不算真的看懂那部電影。

如果真的過上重複的人生，或者應該說是過「沒有明天」的人生，我們是不是就會有更多的勇氣，不用那麼在乎別人的想法？能勇敢去跟喜歡的人表達心意？會努力去實踐自己喜歡的生活？思考心中是否有什麼事情還沒完成？

雖說，沒有明天是個抽象的概念，在多數情況下我們皆認為明天終究要來，但有個情況卻能一窺人在面對沒有明天的心情變化——遇到地震等自然災難發生之後。

人類雖然位在地球上食物鏈的頂端，但在天災面前同樣脆弱，甚至比其他動物更脆弱。曾有學術文獻刊登過相關研究，人在剛遭受地震、洪水、颶風等這類生命重大意外後，會出現「不再有明天」的想法，遭遇災難後的心態也將大幅變化，導致面對未知的未來，在心情或行為上都不同。

為了方便觀察，研究人員是透過衡量金錢價值的變化來觀察結果，發現人在歷經災難以後，存錢意願會降低，會更願意購買樂透，面對未知的事也更敢放手一搏。其他行為像吸菸、喝酒的比例也有所提高。

簡單說，人在意識到災難的無情創傷後，因為擔心再也沒有明天，會比以往更願意承擔風險，去做以前不會做的事。

以我來說，二十八歲時因為右眼突患複視而衝擊到生活，復原之後確實更認真重視自己的想法，或是敢於拋開社會的期待，承擔失去收入的風險，下定決心離開當時的上班環境。

雖然複視出現的當下我還很迷茫，但也是在家休養的那段時間，我有機會正視自己想走的路，在面對有可能失去健康的情況下，我體會到恐慌感是如何侵蝕人心。

因為右眼複視，我不確定自己還能不能繼續保有工作，我不確定原本的人生計畫還能不能實現。我擔心，明天再也不是自己熟悉的明天。眼睛恢復後，那股對未來不確定的感覺並沒有跟著消失，催促著我不斷凝聚出新的動力，讓我做出離開公司的決定，有時間開始摸索自己想要過的生活。

倘若人生是一本書，那段日子就是我會特地打上摺角的頁面，偶爾回去翻尋，咀嚼當時書寫生命的過程，在情緒起伏之間體會生活該有的節奏。

其實，人在面對不確定的事情時能夠擁有的控制權都不大。人並無法改變過去，能改變的只有看待過去的方法，也無法決定事情的走向，能決定的是自己心情的方向。

就像主角菲爾一樣，生命遇到再也沒有明天的困境，反而讓他用心過好今天，放心把完整的自己揉合進碎散的日子裡，一切皆明亮起來。

人生總有些時候，我們會不知不覺掉進無助的感覺裡。也許是聽到別人說的難聽話，也許是發現自己不再是期待的自己，也許是後悔那些來不及的過去，也許是生命提出一個難以回答的問題。

然而，**一個人會累，有時並非忙到沒有時間，而是忙到沒有了自己。一個人會沒有安全感，是因為總是從外面尋求安全感，忘了給自己最大的包容。**

希望你也提醒自己，沒有人可以讓昨天從頭來過，但我們都可以在明天重新開始。人最大的痛苦之一，就是不斷糾結在無法改變的事情上。

試著往更好的可能去看，再糟的事，過了時間也會漸漸沒什麼。或許事情不會馬上好起來，但相信現在所遇到的事，都會在將來有了更好的意義。

沒有人可以讓昨天從頭來過，
但我們都可以在明天重新開始。

在紐約的天空
尋找自己

艾語錄

別怕走錯路，有時繞一繞會擁有更好的時光；
別怕晚出發，堅持會帶你抵達更遠的地方。

人生就像一連串的音符，
每個人都有能力譜出獨有的樂曲，
即使旋律聽起來相似，
節奏快慢亦是完全不同的風格。

人生，無法比較，也不應該比較。

在右眼恢復健康之後，我終於下定決心離開公司。雖然早在一年前就打算離職，念頭卻也始終被我按捺住，考量當時的現實面，那份上班工作對我的將來很有利。工程師的收入夠高，從職涯發展的角度來說，我是從一個不到十人的小部門出發，後來部門迅速成長到四、五十人的事業體，在管理職位持續出現缺口的情況下，我擁有的升遷機會相較其他同儕多出不少。

有人說，處在浪頭上自然能乘風破浪，我當時就是在部門成長的浪頭。對我而言，離開公司雖然可以探索新的機會，卻也要放棄原本看好的未來職涯。留下來，可以過預期中的穩定生活，只是我不敢肯定十年後的我會怎麼看待這個選擇。我會因此感到驕傲嗎？還是會在後來的路上邊走邊遺憾？如今來看，當時選擇離開公司好像換來更寬闊的生活，但說真的要我重來，我也沒把握會選擇同一條路。

有人說，人生是一連串的選擇。可是，人一直以來都不善於選擇。

類似情況，我最近又遇到工作的抉擇。二〇一七年時影音內容的市場開始有明顯地成長，我也在好奇心的驅使下成立了自己的影音頻道，內容同樣是分享學習，透過另一種模式給予人成長的動力。頻道至今訂閱人數頗多，得到許多觀眾正面的支持與肯定，但其實我曾經後悔成立影音頻道，掙扎是否還要更新內容。

雖然我從二〇一一年就開始寫部落格，期間也習慣以文字跟讀者交流，但在開始寫作之前我對口語表達能力更有把握。也因為之前在公司擔任講師的經驗，我對講解事情並不陌生，唯一要克服的是在攝影鏡頭面前自言自語，我花了好一段時間才適應沒有聽眾的互動。整體而言，我覺得影音內容是一個很不同的分享管道，頻道也在堅持下有不錯的成績。

只是經營一陣子以後，當初沒預期會有的困境，如同崩落的大石朝我滾來。網路上，影音創作的主流模式是以生活、娛樂的題材為主，而我分享的內容是以學習知識為主，題材難免嚴肅，並非隨時都好下嚥。播放影音的平臺也因為希望有更多人來觀看影片，主動推播這類影片的機率就偏低。

為此我困惑好一陣子，到底要中斷現有的頻道經營，把更多的時間收束回寫作上，還是繼續同步在影音平臺上分享，直到有更多的人接受知識型的題材？若是中斷影音頻道的經營，那之前的努力不就白費了嗎？

繞了一圈，我又回到當年是否要離開的抉擇，雖然眼前的光景截然不同，卻是同樣困惑的十字路口。原來，這個問題從來沒有消失，而是用另一種方式提醒它的存在。

因此，我決定出國讓自己有時間可以思考，目的地挑了一個始終想去，但也覺得不太可能會去的地方——魁北克。

* * *

會知道魁北克，是從韓劇《鬼怪》開始。而真正認識了魁北克，還真是踏上那充滿歷史足跡的城區之後。

魁北克充滿許多的文化衝突，語言就是其中一個。魁北克市位在北美地區的加拿大，卻不是以英語為第一語言，當地居民更習慣說法語。城市隨著更新計畫已被切割為新城區跟舊城區，而我造訪的舊城區更是處處聽見人們用法語在交談，有些店家甚至難以用英語溝通，此時只能拿出國際共通語言，用手勢跟表情來表達心中意思。

網路上能查到不少魁北克的資料，其中一個特別有趣。魁北克在過去被視為歐洲和美洲的十字路口，在這裡可以同時體驗到美國、法國和英國文化的魅力，當初世界各國的人來到這裡，就是為了體驗北美的文化，但又同時可以跟北美主流文化保持一點距離。能夠擁有這種朦朧美的特色，還滿迷人的。

說來，這是一座古老的城市，也是一個想盡辦法增加活力的觀光景點。若以旅遊勝地來說，整個舊城區並沒有太多的店家，也沒有先進的飯店，更沒有多少景點可以去。但，它們卻彼此平衡地交錯在一起，讓舊城區充滿獨有的童話魅力。

而我這次來旅行的目的，恰巧呼應舊城區瀰漫的感覺，我也希望能在新路與舊路之間找到平衡點。

以我對自己的了解，我是一個偏好目標導向的人，每當有目標時動力會明顯浮現。然而不管是誰，人生偶爾就是會出現迷惘的時刻，此時匆忙地設定目標的話，那個目標也不見得是真心想要，即使做了之後依然找不到生活重心，無奈看著時間在轉眼間飛逝。

如今站在新的十字路口中間，我希望多花點時間思考要投入多少的心力。如果打算繼續經營頻道的話，我希望能夠是自己渴望的目標，我希望再開創一個不同的工作階段里程碑。我知道一定會有所犧牲，但我更想知道自己能不能實現。

在出發去魁北克前，還有件事其實讓我遲疑不決，也曾有取消行程的念頭。因為包括這趟旅行，我會花超過半年的時間走完整個行程規畫，在這之中有數十天的時間人都在國外，工作的進度勢必會斷斷續續。

出國時我通常會跟工作保持距離，也會暫時停止寫作。再來，我能錄影的時間也變少，因為不是定期更新影片內容，頻道的瀏覽次數跟新增訂閱人數就會明顯下滑。我因此相當掙扎，心裡想著，真的要安排那麼多天的旅行嗎？會不會頻道在我還沒思考清楚前，就這樣沉下去很難再起來？

然而，我也有個想法在心中不斷提醒自己：**當人在做一件事情時，如果你放不下對它的牽掛，那並不是你擁有它，而是它擁有了你**。當初離開公司前就有類似的體會，如今遇到新的困難我依舊這樣認為。

這樣想，出發的答案就非常明顯，我一定要去。

・・・

在到魁北克之前，我順道造訪了紐約，第一次踏進這個全球指標性的都市。紐約跟魁北克的飛行距離不到兩個小時，城市面貌卻完全不同，雖然同樣是個充滿百年歷史刻痕的老都市，但城市的魅力卻因為人跟文化而充滿活力，彷彿它就像一個還在成長期的青少年，每天都有新鮮事出現在眼前。

印象最深刻的，是紐約竟然有如此多的綠地。特別是在寸土寸金的曼哈頓島上，不時就有公園可以讓人喘口氣，在繁忙的生活當中，思考一下自己到底想要什麼。

漫步在公園裡我想起之前造訪倫敦的日子，當時對倫敦的綠地也非常著迷。不過紐約跟倫敦兩座城市的綠地是完全不同的存在，倫敦的綠地適合野餐，可以隨時躺在草地上休息，而紐約的綠地就像一座美麗的小花園，可以平靜地坐在公園椅上，在樹木跟花草的包圍保護下，看著外面的高樓，享受片刻的寧靜。

好比某天我去到曼哈頓中城區的布萊恩公園，先在路旁的餐車買了一份水牛城雞翅，帶著一杯咖啡、一塊蛋糕，就這樣坐在美麗的公園裡，當下思緒全部都在自己身上。對我來說，那一刻周圍是靜的，空氣是輕的，內心是滿的。

也許，旅行中不可錯過當地名勝，但能夠安排行程融入當地城市裡的日常生活，感受不同的文化，甚至體會當地人與自己思考習慣上的衝突，始終是我旅行的目的之一。

那幾天我也特地挑選天氣好的日子，在下午四點多的時候登上紐約市中心的高樓，想一次就把日落跟夜景看個清楚。在這個繁忙與疲憊的城市上空，紐約的黃昏與夜景，超乎我想像地美。當時我站在八十六樓高的地方看下去，忍不住快門就按了好幾張，以為這樣就可以留住眼前片刻。這是一個明知不可能帶走的畫面，卻努力用盡一切要變成回憶的感覺。

想想，這不就是人生嗎？

•••

其實，我也不確定自己就能在這一趟又一趟的旅行中獲得多清晰的答案，說不定我也只是想找個藉口，躲進旅行中喘口氣而已。

人生不就是這樣嗎？**能夠有意義的生活很好，但有時並非有意義的事才值得去做，也不是做完一件事，就一定有意義**。

或許我這次經營影音頻道的決定，會如同當年寫部落格一樣，展開新的故事，在恍惚的過程中，逐漸感受到自己的重量。若沒有，也期待這是一段剝碎再拼湊出完整自己的旅程。

很多時候，我們會急著想要達到某個目標，完成某個里程碑。生活步調似乎被現實推得愈來愈快，焦慮感也累積得愈來愈厚。然而，不管處在什麼階段，人生回頭看雖然是一條線，往前看卻經常是散亂的虛線，我們很少能夠依循明確的軌跡走到自己想要的地方。總是這邊走走停停，那邊繞一繞，生活才漸漸接近自己想要的樣子。

這輩子，餘生還長，我們不用拿其他人的成就來定位自己，要過的是自己的精采，而不是活出別人的期待。無論現在的處境如何，都別小看自己的努力，問題需要花時間才有解答，迷惘需要花時間才能釐清。

終有一天會明瞭，那些看不見的微小進度，其實努力都在幫你計算著。

要過的是自己的精采，
而不是活出別人的期待。

失去讓人珍惜，放下讓人提起

艾語錄

時間不會因為你做什麼而停留下來，
它只會回應你對待自己的方法。

你勇敢為自己活，
時間就會給你更多的勇敢，
你經常為事情煩惱，
時間就會給你更多煩惱。

變好的路，都是一步一步走出來的，
今天過得好不好沒關係，
明天，我們繼續努力。

離開魁北克的前一晚，我遺失了相機的原廠配備，是個看似不起眼卻要價三千多元的隨身自拍腳架，而且購入時間不到兩個月。我是第一次帶出國，接下來還有好幾天的旅程用得到。

發現它沒有在應該出現的相機袋裡時，那股慌張感很快從心底浮現。趕緊在腦中翻尋最近一次擁有它的畫面……啊！應該是掉落在住宿飯店旁的公園。

那間飯店，或應該稱旅館更符合它的樣貌，是舊城區不得改建的房子，每個房間都對應一把鑰匙。入住那天從老闆手中接過鑰匙時還有些訝異，因為通常拿到的都是感應卡，對當下手中的沉重感有點陌生。或許再過幾年也沒有所謂的房卡了，身體的某部位就是房卡，但我相信實體鑰匙還是會繼續存在，有些舊時代的產物並無法被取代。

趁著夜晚尚未被寂靜籠罩之前，我抓起手機還有房門鑰匙趕緊下樓，在心中描出待會搜尋的範圍。「應該沒錯，下午在那附近拍了很多照片。」心裡雖然忐忑，下樓梯時還是努力想安慰自己。

少了白天的陽光，路旁只剩一盞黃燈的公園顯得深黑，安全感被黑夜剝奪後不自覺警惕起來，我下意識摸摸口袋的手機跟那把鑰匙。據說，人在沒有安全感時特別想握住東西。等到眼睛逐漸適應黑暗，注意到公園邊角依然有幾位遊客，心情才稍微放鬆下來。

那座公園並不大，不久我就走到腳架掉落的地方，開啟手機照明功能貼著草地尋找，心中不斷默念它就躺在某處等著我接它回家。可惜，探尋幾次仍然不見其蹤影，看來已被人撿走，被一個知道這腳架價值的人，就算我沿著下午走過的路徑反覆來回，草地上依舊只看到落葉跟樹枝。

帶著失望心情回旅館，隔天一早不死心地回到公園繼續尋找，結果依然相同。確定不見的失落感很快就占滿內心，因為那座小公園是此趟魁北克旅程的意外發現，昨天下午正是在那拍攝許多照片，過程玩得實在開心，離開前才忘了清點所有物品。而這些快樂的回憶，即將被遺失腳架的鬱悶給整個抹去，兩種矛盾情緒也開始在心中打架，它們彼此喧嘩地吵鬧著，等著我決定哪一個才是主角。

「如果離開公園前有回頭多看幾眼……」

「早知道不要帶這個腳架出門……」

「沒關係，那個公園拍起來有很多回憶……」

「但是如果昨天離開時有多注意就好……」

人在後悔時，總是會有很多的如果、許多的早知道，彷彿只要否定自己的過去，所有發生的痛苦就會隨著說出的話語消失。然而，時間給予人的啟發之一，就是我們從來都無法回頭，人生這條路永遠是單行道。你可以後悔，也可以停留，就是無法改變過去。

生活是個進行式，會一再路過很多的好與不好，有些會陪著前行，有些只能讓它過去。要緊的是，你是不斷回頭看著那些已不屬於你的過去，還是往前追尋正在等你的美好。

⁂

回國後，我網購了新的自拍腳架。說來奇怪，雖然是一模一樣的腳架，我看待的心態卻完全不同。原本遺失的那個腳架是搭配相機活動順手加購，當時覺得不過是個圖方便的腳架而已。但在經過這趟旅程後，我體會到小腳架的便利性，因此格外珍惜第二次買的腳架，期待它之後陪我去旅行。

因為丟失一個本來不在意的腳架，意外讓我體會到，原來失去可以是種獲得的過程，能讓人學會從不同的角度看待事情，讓人知道往後要珍惜什麼。

人在遇到壞事時，常會以為失去自己的所有，但其實所有的事情早晚都會逝去，生命有起點就有終點，我們不是好好享受過程，就是眼看著時光慢慢流逝。況且，人生本來就是從失去開始，擁有的時間從出生那一刻就是在消逝，抓得再緊，或放得再鬆，時間都是穩定地討回借給我們的時間。想左右生命的定數從來都是荒唐，**人一輩子的功課不應該是清點自己又少了什麼，而是學著珍惜，學習從失去的本質中看見自己得到什麼**。

想想，曾經覺得過不去的事，日子就這樣帶著自己過去了，曾經以為原諒不了的人，有天發現就連想起來都要刻意。雖然每天看似繁忙地過日子，但也就是這樣一天一日認真地過，那些不好的事就漸漸從生活中消散掉。或許那些人、那些事並沒有完全消失，但因為你在心裡放入更多重要的事，或者學會用不同的角度看待往事，他們的存在也就可有可無。

所以，屬於我們的就好好留住，不屬於我們的，別再緊緊抓著。哭完了繼續走，學到了就別再犯。人生雖然是單行道，但很多機會還是會重新出現，努力過後也都能重新再來。

當然，這些轉變都需要時間，剛開始還會特別地痛、後悔，但你要知道，想讓生活再度好起來，你要先讓自己好起來。無論是前一段感情，還是曾經的壞事，就讓時間留住他們。

不斷後悔，只會讓自己失去更多的後來，面對過去最好的方法，就是讓它跟著時間慢慢過去。有天你一定能遇到更好的人，取得更好的成果。

在那之前，就努力用更好的自己，期待更好的將來。

原來失去可以是種獲得的過程，
能讓人學會從不同的角度看待事情。

在每一天過好生活，
在每一天過濾人生

艾語錄

別被現實磨成了刀子，看見什麼都想劈；
別被他人帶走了堅強，做什麼事都委屈自己。

生命的軌跡就在於你走過那些風風雨雨，
縱使腳底因為泥濘而污黃，
你還是來到現在的你；
堅強的自己，脆弱的自己，
喜歡的自己，被人討厭的自己，
那都是你，是你最真實的樣子。

有的時候，事情用了很糟的方式出現，是為了提醒你用更好的方式來修復自己。

大二那一年，我切斷重創我的那段感情，突如其來的掏空感讓我頓時失去生活重心，彷彿背後有一隻巨大的手將我拎在空中。當時我的心境就像一個初次走進遊樂園的小孩，被各種七彩繽紛的遊樂設施吸引，正當我沉浸在幸福之中時，卻忽然被工作人員帶到一旁，告知我剪票人員搞錯了，我手中的門票只准許兩個人入場，而我已經是第三個人。

花了將近一年的時間我才從那段感情中走出來。那一年裡，我早上完全沒有動力起床，經常編織各種理由說服自己跳過第一堂課，沒有動力讀書，更沒有動力參加活動，獨處時經常莫名其妙就想哭。課業荒廢的情況很快就反映到期末成績單上，有好幾個科目都接近被當掉的邊緣。當時的我毫無防備，只能依著時光陪自己療傷。

其實到現在我依舊不太清楚，何以當時的感情會給我那麼大的衝擊，不過我卻慶幸曾在生命中有過這一段撕心裂肺的經驗，讓我學會如何在失落時陪伴自己。也才知道，原來承諾是有邊際的，過了某一方的界限就只能獨自走下去，若有人陪著走更要珍惜。

或許是受到原本樂觀個性的召喚，大二學期結束後我像換一個人似地，漸漸對新事物再度感到好奇，有動力早起參加第一堂課，更在大三學期末成績衝上全班第一名，也順利在大四畢業前考取研究所。

從失戀到修課被當掉，再到成績變全班第一，最後考上研究所，如此戲劇化的轉折不禁讓我聯想，其實我應該感謝有過那段感情。若是沒有遇到那些挫折，或許現在的我不會如此堅強。

生命就是這樣，我們總是邊走邊學會療傷，學會如何包紮自己的情緒傷口，學會該怎麼在低潮時繼續走下去。

⁂

很多時候，生命不會急著給我們答案，因為人生本是一個空缺，需要你用心填補自己，需要用時間去醞釀經歷，需要用傷痕提醒自己哪些人重要，哪些事不需執著。

分析心理學的開創者榮格曾說過：「你想要當一個好人，還是完整的人？」我在初次看到這句話時產生很大的震撼。從小到大我們被教導多少次要當個好人，卻從未有人教我們如何當個完整的人？

並非說當個完整的人就不是好人，或不當好人就只會是壞人，但如果當好人的代價是要犧牲自己，要隱藏自己的想法，要敲碎自己去迎合許多人，那麼我寧可當個完整的人而不是別人眼中的好人。

完整的人，代表你接受自己的一切。好的，壞的。過去的，現在的。你的優點，你的缺點。你的勇敢，你的害怕。單純的，複雜的。內向的，外在的。別人討厭的，自己喜歡的。你已經知道的自己，你還不知道的自己。表意識的，潛意識的。剛剛的你，此刻的你。

你就是你，唯一的你，天底下再也找不到跟你同樣的人。

就像拼圖，找一百個人來拼同一幅圖，每個人拿起的第一片很少會相同，也可能從不同的角度開始拼，更別說從頭到尾都用同樣的順序拼完。

若把人生比喻為拼完一幅圖，這不就是每個人的人生不可能相同的原因嗎？我們每個人都有自己的活法，也有自己的節奏。人的完整性，並非成為別人心中完美的樣子，而是成為自己心中想要的樣子。

當然，這並不是有一天突然懂了，你就等於找到完整的自己。擁有完整的自己是個尋覓的過程，是經過一點一滴地篩選。只是當你愈早理解每個人都不一樣，也不需要一樣，就會愈早在生命中張開那片濾網，用喜歡的自己，在每一天過好生活，在每一天過濾人生。

無論此刻發生什麼事，你都要、也可以，為自己努力撐開那張過濾的網，讓不好的留在過去，讓焦慮停在昨天，讓自己有能力無情地看待那些跟你無關的閒言閒語。

⁂

此刻回想那段感情中失落的自己，依然對當時的自己感到陌生，好似跟一個不熟悉的人交換身分，聽著另一個人說著不像自己的故事。我想，那是我目前人生中最萎靡的階段，卻也是我心智成長最多，經驗點數收集最快的時候。是吧，事情總是會用很糟的方式，教會我們如何修復自己，讓人刻骨銘心的事，往往是當初以為自己無法度過的事。

其實，生活中的好與壞是相對的。牆壁會因時間而斑駁，也能因粉刷而重新明亮。桌子因時間而沾塵，也能因抹去而重現潔淨。日子裡總有不好的時候，但一定也有變好的時候。

所以，別因為壞事就否定好事的存在，也別因為現在的不好，就以為永遠不會好。沒有不會跌倒的人生，也沒有爬不出來的坑洞，給自己多一點時間面對，事情都會過去的，你也一定會漸漸好起來。

願你也明瞭，**完整的自己，來自我們接納全部的自己，在不完美的生活中，看見自己最好的樣子。**

擁有完整的自己是個尋覓的過程，
是經過一點一滴地篩選。

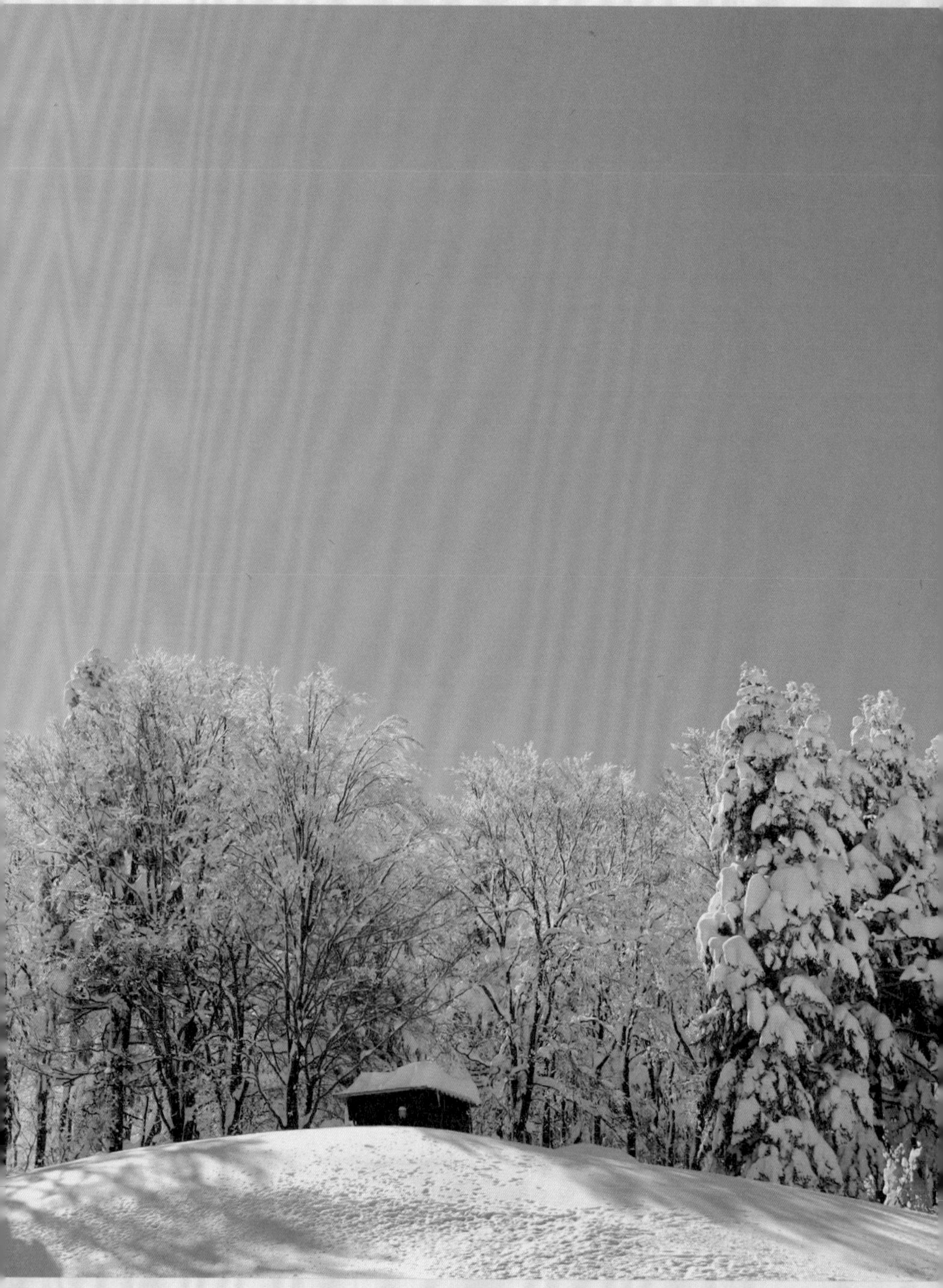

輯二 /

自己之間

你很好，
記得擁抱內在的自己

所謂的勇敢並非不再害怕，
理解自己可以堅強，更可以脆弱。
在抵達終點之前，
就全為自己好好地活。

堅強的鎖，
脆弱的鑰匙

艾語錄

曾經以為過不去的日子，
扶著撐著慢慢就走過來了。
曾經以為忘不掉的人，
哭著累著漸漸就不再想起。

也許，生活不像期待中的飽滿，
但只要你用心對待自己，
生活也會逐漸接近自己喜歡的樣子。

記得，你我都是人生的寫作者，
時間是紙，用心是墨，努力是筆。
一旦走過生命的創傷，
你就是自己全新的創作。

是不是凡事抱著正面情緒面對，一切就都沒問題了？

我很想說是，但不可能就會沒問題。雖然生活中我擁有正面情緒的時刻多於負面情緒，但我知道正面情緒並非無敵的盾牌，可以擋下所有的煩惱。何況接受自己能有負面情緒，對每個人來說都是重要的，也是必要的。

設想一種情況，當你走進一間沒有窗戶、燈沒打開，完全漆黑的房間，當下第一個反應會是什麼？我想多數人是找電燈開關在哪裡，或是轉身趕緊離開。黑暗總是會吞噬人的視線，如同負面情緒會吞噬我們的心情。這是多數時候人覺得負面情緒不好的原因。

然而在光線極強的情況下呢？就好像走在路上忽然被迎面的車燈直射，多數人會下意識抬起手遮光。光若太強，會使人短時間看不見前方。

在沒有光線的空間裡，什麼都看不到，但在光線太強的地方，也是什麼都看不到。兩者其實一樣會讓人無法看清眼前的事物，甚至太強的光線還會灼傷眼睛。

過多的負面情緒，或是一味抱著正面情緒，都不健全。生活並不可能完美，勢必會有需要整理負面情緒的時候。凡事都要求自己正面，也只是刻意忽略一部分的自己，無法完整。

何況負面情緒看起來不好，但也只是人們習慣賦予它的定義而已。就像提到細菌我們會直覺是不好的東西，但益生菌也是細菌的一種，怎麼突然就好起來了？

說到底，擁有正面情緒會讓人開心，但接受自己可以有負面情緒，才能提醒自己要試著開心。

・・・

前陣子我到巴黎旅行，特別走訪奧賽美術館，裡面有收藏梵谷的自畫像。我並不懂畫，但年輕時第一次看到梵谷的畫就有種說不出來的悸動，當時的感覺在我心中慢慢結成一串風鈴，偶爾叮鈴鈴提醒我要親眼看過他的畫作。趁著這次旅行，我走進那間梵谷畫作的收藏室。

能夠近距離親眼感受他的畫作，那些光影交錯的立體感實在難以形容，站在畫作前，我更感受到時間留下的美。梵谷的經典畫作幾乎都是油畫，經過長年風乾後，油畫上多少會留下時間的刻痕。這些痕跡在螢幕或印刷品上不一定看得見，但實際走近畫作並仔細觀看時，就會看出獨有的光影感。

那天趁著遊客較少時我走到畫作正前方，想像一百多年前梵谷就在同一張畫紙前揮筆，心中莫名地感動。尤其近距離細看那些經過百年才醞釀出來的痕跡，看似畫作上的微小缺陷，其實代表它是一幅活生生的畫。

如果一幅畫作完全看不出時間的痕跡，它是否還算是一幅完整的畫？人生也是如此，時間總會在我們的生命中刻下痕跡，那些不好的事，那些回想到會痛的過去，雖然帶來的是負面情緒，但也提醒了自己當初如何走過來。這些痕跡並不完美，卻讓我們變得完整。

• • •

人生總有不愉快的時候，不同的階段會有不同的感慨。朋友的傷害、同事的揶揄、家人的反對、親戚的紛爭、伴侶的離合，這些在生命中頑固地不願缺席。我看過很多種形容人生的方法，也漸漸有了體會，但從來沒聽過人生會是一帆風順。

然而，**人需要背負的東西雖然很多，能背負的卻很有限，人可以扛起很多事，但無法扛住每一件事**。就像堅硬的木頭禁不起水的侵蝕，固化的金屬耐不住火的熔解，每個人的堅強都有極限，內心也都有脆弱的一面。

我曾經無法體會放下的需要，活得還算好，為何要放下？如今才知道那是年少自帶的天真。因為經歷的事還不多，遇到的問題還單純，覺得並不需要放下什麼，直到有天突然喘不過氣，才開始正視梳理人生的必要。

無論你現在煩惱的是什麼，若還放不下，也要先放過自己。如果一味拒絕跟負面情緒相處，久而久之擔心的事會如同堆積木般愈疊愈高，生活的崩塌感只會愈來愈強烈。

允許負面時候的你存在，也是為了理解自己可以堅強，更可以脆弱。**偶爾的宣洩不是在跟這個世界低頭，而是留空間給自己喘息，把討厭的事情清出去，把喜歡的自己放進來。**處在現今社會裡，我們都需要堅強這道鎖來保護內心的空間，也需要脆弱這把鑰匙開啟那道鎖，來撫癒內在的自己。

人都有負面情緒，也都有自己的難關，所以更要學會與自己和解，勇敢走進心中被你長久隱蔽的荒地，張開手，擁抱脆弱的自己。

理解自己可以堅強，
更可以脆弱。

生活的平淡，
是永遠不會褪去的光采

艾語錄

沒有不會累的工作，
沒有不用熬的生活，
每種日子都有各自的糾結，
就算是做喜歡的事情，
也不是每天都有好心情。

人一輩子關注好自己就行，
每個人都有自己的生活步調，
也有自己才能體會的微妙。

人生沒有捷徑，際遇再好再壞，
也只是一連串的偶然，
唯獨我們用什麼方式看自己，
才是一輩子要在乎的事。

如果說取悅症是擔心對不起別人，恐庸症就是擔心對不起自己。隨著網路加快資訊的傳遞，有愈來愈多的人患上了恐庸症，害怕自己的日常太過平常，比起社群網路、新聞上那些色彩豔麗的人生，漸漸覺得自己的生活相對灰暗，覺得自己的人生不值得過。

恐庸症並非是真的病，而是像拖延症困擾著人，甚至阻礙人去實現喜歡的人生。它並沒有瞧不起平庸的意思，反之，它是恐懼沒達到想要的期望，害怕自己平庸，縱使已經擁有值得驕傲的成果，還是吝於給自己該有的肯定。

恐庸症反映的是，擔心自己不夠好，不夠完美。

或許，能在群體中取得更高的成就，恐庸的情況就會消失。但實際上並不會。因為人是喜好比較的生物，原始的情緒機制是向上比而不是往下看，人的匱乏心態是生命的原廠設定，否則遠古人類不會有危機感，不會有動力去外面尋找食物。

然而這種內建的匱乏感，並沒有隨著文明的發展而被留在過去，功利主義抬頭反而堆砌出更重的匱乏感。

當你沒有一樣東西的時候會想要那樣東西，一旦你有了那樣東西，又會想再得到比那更好的東西，就此落入循環，直到有天無力得到，匱乏感因而滋生成愧疚感，從毛孔滲入再鑽破骨骼混進血液裡，失敗開始被定調為基因出了問題，連原諒自己都是罪過。除非投胎，而且落點要對。

在還沒有認知到前，這種循環會兜旋在人生各個層面。有形的像房子、汽車、皮包、飾品，無形的像追求更好的生活品質、更高的工作成就。原本人內建這樣的機制是為了求進步，怎麼知道進化後變成困住自己的迷霧。人生如同闖入荷蘭藝術家M. C. 艾雪的錯覺畫作〈上下階梯〉，明明自己正在往上走，怎麼卻是回到原先起點。

想要減緩恐庸，得要重新看待「平庸」這件事，甚至練習忽視它。這很不容易，因為我們幾乎從小就開始接受平庸的概念。

•••

平庸跟完美，說穿了都是一個比較出來的狀態，既然是比較，就需要有一個參考值，這個參考值能符合愈多數的人代表愈標準。但，這已經是個錯誤的起點。

陶德．羅斯在著作《終結平庸》就寫到這個故事。

一九四〇年代美國空軍的出事率很高，最高一天有十幾名飛行員墜機。起初軍方懷疑是人員疏失，要不是駕駛技術不夠好，就是工程師檢查不夠周詳。然而，飛行員對自身的飛行技術非常有信心，堅持問題不在他們身上。工程部門也不覺得他們有問題，因為機體本身都很正常。

在問題無解的情況下，有些人開始把注意力放到駕駛座的設計上。有工程師發現，當時的駕駛艙依然停留在很多年前的設計，早已不符合後來飛行員的身材，導致人員無法流暢駕駛飛機。

空軍因此進行大規模的飛行員體態測量計畫，訂出身上一百多個檢測項目，再從四千多位飛行員中測得數字並計算出平均值。軍方相信，如此一來能設計出符合當代體型的完美座位，大幅提高飛機操控上的穩定度。

可是時任中尉軍官吉伯特·丹尼爾卻不這麼認為。他懷疑，究竟有多少位飛行員是符合計算出來的平均體型？他因此挑出十項最能代表人體的測量指標，比如身高、胸圍、手長等，每個項目都給予寬鬆的正負誤差，想知道落在範圍內的人到底有多少？

答案不是幾千位，也不是幾百位。

是零。

在之前調查的四千多位飛行員中，沒有一位身材符合計算出來的平均值。這很違反直覺，因為那些平均值就是從這四千多位飛行員中計算出來的，竟然沒有一個人符合？

軍方最後採納中尉的建議，放棄用平均值的概念設計座位大小，也不再要求每個飛行員來適應同一個飛機座位，轉而思考如何讓座位適應每個人。

最後的解決方法從今天來看雖然簡單，在當時可說是費盡心思。飛機製造商最後設計出可調整式的駕駛座，如同現在的汽車座位能夠自行調整前後距離，成功讓駕駛艙適應每個飛行員的體型。

由此推知，過度注重平均值其實是個危險的訊號，因為「平均」並不適用於個人。但想想，我們從小到大的成長與學習過程，卻一再用平均值的概念提醒自己的程度。比如每次考試的成績，會用全班平均的分數來決定個人的表現好壞。每年級的身高測量，會用同儕的平均身高比較學童的發展狀況。出了社會，這些平均值開始變成薪水數字，或是應不應該做某件事的年齡。

原先採用平均值是方便做評估，可是在我們不夠了解自己前，平均值的思維可能會逐漸扭曲成判斷自己好或不好的方法，很多人也因此開始擔心自己的「平庸」。然而，**一個人的喜歡從來就不是另一個人的喜歡，一群人的平均值從來就不該是一個人的標準值**。

因為，我們每個人都是獨一無二的。

・・・

雖然說了很多，但我也不時在跟恐庸症搏鬥，特別是在進入一個新領域學習的時候。我會擔心自己的不足，會擔心自己學得比別人差，會擔心投入的時間沒有得到該有的結果，想當然，比較的基準是來自其他人的成果。

就像我目前手上的工作，即使有些事情已經做了十年，但偶爾還是有疑慮：我做得夠好嗎？我寫的東西能夠影響人嗎？

只是隨著練習面對的次數愈來愈多，我開始了解那些擔心自己的不好，或許只是過去某個時候不小心貼在身上的標籤。也許是小學某次考試考差的結果，某天被長輩的警告，某個朋友看似幽默的調侃。我必須一再提醒自己，那些都是我的過去，不是我的現在，有那段過程並非表示自己不完美，何況本來就不需要。

人終究甩脫不掉比較的本性，我們太習慣從別人身上看見自己的缺失，好像別人有房、有車、有伴、有兒，自己就應該有。是為了追求生命意義的解答嗎？感覺也不是。人與人相比，再客觀也沒有正確答案。出生不同，環境不同，在乎的不同，沒什麼絕對的好。

或許，我們只是不甘心而已，不甘心別人有而自己沒有。結果慌張地想用時間與勞力來彌補那個洞，或是焦慮地在黑暗中尋求出口，害怕自己從人群中走失所以一路緊隨，錯過自己的轉彎處也有一片風景。如果能夠冷靜停下來想，會發現自己身上也是有別人沒有的。

不用羨慕別人的生活，而是要過好自己的生活，每個人都有自己的難關，也有自己尋找答案的節奏。無論如何，都不要因為其他人而否定自己的人生。

雖然人最後都會是走向同一個終點，但路上所有的經過皆是專屬於自己的唯一。所以，在抵達終點之前，就全心為自己好好地活。

每個人都有自己的難關，
也有自己尋找答案的節奏。

學著適應生活，
而不是要生活來適應你

艾語錄

不要把發生在別人身上的好事，
看成是自己的壞事；
更不要把發生在自己身上的壞事，
看成是一輩子的事。

時間是條河，總是無情地往前流動，
我們該做的是放手讓壞事過去，
用心讓好事停留。

記得，人生有好就有壞，
我們無法決定生活中每件事的樣貌，
只能決定自己用什麼心情去品嘗。

這件事發生在二〇一九年十一月二十日，手機上的時鐘也恰巧走到十一點二十分附近。對，我記得非常清楚，因為我正是在發生後不到半小時開始寫這篇文章。我扭到自己的腰了。哈！

我是在開冰箱彎腰放東西時，背部突然一緊，接著就像被施下冰凍咒語無法移動。拉傷地方是介於背腰附近的肌肉，若以牛排部位來說，大概是紐約客跟菲力之間俗稱「丁骨」的部位，算是我喜歡的口感。

說實在我也只能用調侃自己的方式尋開心，或是很想怪罪入冬後這天的氣溫急轉直下，我剛好早上又沒睡飽，意識有些昏沉。可是心中不免疑惑，難道我真的不再年輕？

肌肉拉傷很痛，但我還算滿能忍痛的人，糟糕的是嚴重影響起居，還要耐心走過復原時間。以前健身時同個部位也拉到過，所以懷疑是舊傷復發，印象中那次花了一個多月才恢復，而這次痛的感覺更刺熱，恐怕要更久才能好。

一般來說，肌肉拉傷其實多休息就好，大不了就整天少動，搞不好還因此多讀幾本書，又有藉口不用運動。但如果是拉到像這次的部位可就麻煩，感覺是傷到深層的肌肉，無論坐著、起身、站立、坐下都會動到，就連伸個手拿零食都會抽痛！

因此此刻寫文章的我幾乎是窒礙難行，一切原本熟悉的動作，都必須變成慢動作進行。麻煩的是，我四天後還要啟程去澳洲，忍不住煩惱這趟旅行會不會只能在飯店中度過。

受傷不好，但我特別討厭受到「行動不便」的傷，這種傷會嚴重影響生活起居，會因此讓我陷入沮喪的情緒之中。我會怪自己不小心，怪天氣為何多變，甚至還想牽連家人為什麼沒有提醒我。雖然明明是我自己不小心，但當下我就是克制不了，覺得世界正在跟我作對。

不過我知道，這麼做只會更加綁住心情，接著看每件事都不順眼，彷彿眼中被拉上了窗簾，眼前事物的色階都被降了好幾個明度，灰灰的，糊糊的，看什麼事都無法開心。

其實，當一個人想要控制生活的時候，通常只有被生活控制的可能。你愈是想控制生活，愈會處處覺得環境在跟自己作對，會一再抱怨日子的不好，會後悔當初為什麼那麼愚蠢。除非你先接受現況，否則只會把自己拖入更深的痛苦裡。

一直是如此，不是我們選擇生活，而是生活選擇我們；該做的不是抵抗生活，而是適應生活。

就像此刻我連從電腦椅上要起身都非常困難，如果照平常方式移動只會痛得大叫，也會讓傷勢加重。我需要換個完全不同的方式，先用手抵著工作桌，慢慢把自己倒推出來，再用兩手撐住座椅把手，確保整個腰部不用出力，接著用腳支撐慢慢地站起來。光這個起身動作就花了我快一分鐘，看來我得適應這樣的生活一陣子。

•••

生活中的意外，總是一點也不意外。經常會這樣，當生活過得順利時，就會出現意想不到的事情來搗亂，或是在某個重要時刻，出現不想發生的意外。仔細想，在一個每天變化那麼大的世界裡，什麼意外都沒有才是偶然，人生最大的定數何嘗不是充滿變數。

我們該學習的，不是如何阻止意外不發生，而是發生以後如何坦然面對，再用心收拾，加快往前走的腳步。遇到不好的事情，我們通常無法改變它，但可以改變看待它的方法；我們也無法決定會遇到什麼，但能決定要得到什麼。

想想，意外每天都在上演，大小分別而已，壞事也經常出現，有沒有影響而已。如果每天的生活都跟今天、昨天，或過往的每天如出一轍，那樣的日子看似穩定，卻無法讓人有動力去生活。正是因為生活有了變化，日子才值得期待。否則，人為何討厭提前知道電影結局？為何對揭穿的魔術不再著迷？

突然想起很久以前學校郊遊的經驗。

那趟遠足老師帶我們走進山上風景區，有個景點必須經過一座小吊橋才能到，吊橋的下方是深谷跟川流。橋走起來搖晃，有些同學覺得刺激走得很快，有些同學覺得恐怖而不敢走。

只是連綿的山谷被大自然用河川劃破，遠邊的景色需要走過吊橋才能抵達，因此在吊橋前躊躇多久，就要跟恐懼與困擾相處多久。那些鼓起勇氣快速走過去的人，早就在欣賞後面美麗的風景。

最後我跟自己不斷信心喊話走了過去，走到橋的尾端後才發現晃的程度沒有想像中可怕，納悶之前是在擔心什麼。

生活亦是如此，很多時候此刻心中想要去的地方，也正被一座吊橋劃分成兩邊。走在橋上會讓人恐懼，會讓人感到不安，但它同時也連接著更好的自己，更好的將來。

人生，好事跟壞事都有，沒有過不去的事情，沒有過不完的今天，就算生活比想像還艱難，你也會愈走愈堅強。至於還沒出現的好事，或許只是藏在眼前的壞事裡而已。

人在順境時是會快樂，但在逆境時才會成長；遇到順境前，要先熬得過逆境。就像這次受傷獲取一篇文的靈感，寫到現在也值得了。

正是因為生活有了變化，
日子才值得期待。

真正的歸屬，是有天你學會跟自己相處

艾語錄

不要隨便去探測別人的底線，
也不要一再為了別人妥協自己的底線。

活著，每個人都有自己的世界要忙，
沒有人可以完全理解另一個人的想法，
允許別人有做自己的空間，
同時也保護好最喜歡的自己，
而不是一再地要求自己去配合別人。

真實的世界總是充斥著很多的現實，
所以我們才要照顧好自己，
帶著更多勇氣面對世界。

追求安全感是人的本性。然而，安全感並沒有通用的準則，有些人需要存錢才會有安全感，看到存款數字減少會焦慮。有些人需要花錢才有安全感，需要物質的刺激來提醒自己的存在。有些人喜歡下班立刻回家一個人，有些人需要熱熱鬧鬧一群人。

相較於安全感，我對歸屬感有更多的共鳴。就字面上的認知，歸屬感是認同自己成為某個人或環境的一部分，好比同學、團隊、教會、家庭，進而從中找到自我。

在上網普及之前，人大多是從群體聚會中尋找歸屬感，如今人也可以在網路上的社群裡找到歸屬感。對我來說，安全感比較像是從外部尋求，而歸屬感是從內在尋求；安全感依賴的是環境，而歸屬感需要的是心境。

有時，這兩者說的是同一件事，有安全感的地方更容易讓人產生歸屬感，擁有歸屬感的人更容易在陌生地方找到安全感。

不知道你有沒有過類似感受，曾經在人生的某個時刻，心中有股聲音不斷在鼓譟：「為什麼我現在要在這裡？」

還在園區工作時，我的生活樣貌跟現在差別很大，工程師的工作雖然每天要應付不同的問題，但工作型態跟內容都差不多，經常是待在辦公室從早到晚盯著電腦螢幕修改電路圖，一天就這樣過去。

在決定離職的前幾個月，我心中就經常出現這股聲音：「為什麼我現在是在這裡？」不是指工作繁忙回不了家的意思，而是天花板飄下不知何處襲來的壓力，有一種全身被孤寂籠罩無法脫身的感觸，覺得自己無法融入到那份工作裡，可是又很努力想要成為工作環境中的一分子。

我當時的感覺就像這樣：希望有歸屬感，但愈是努力融入那個環境，卻發現愈是得不到歸屬感。那種感覺好像是被一塊大石頭重重地壓著，你可以呼吸，只是會一直喘不過氣。當一個人失去歸屬感時，就算是原本熟悉的環境，也會開始變得陌生。

只是說到歸屬感，它似乎跟「做自己」抵觸，這部分曾經讓我困惑。

你不妨想想，看到「歸屬感」三個字你想到了什麼？是擁有足夠的安全感？還是成為某個群體的一分子？或是在朋友間或同事中感到自在？

再請你想想，如果說到特立獨行「做自己」，你又會聯想到什麼？不盲目從眾？即使當個邊緣人但只要活得開心就好？還是無論是否會被排擠，都要有勇氣說出自己的想法，堅持追求自己想走的路？

在我剛接觸到歸屬感這一詞的時候，確實納悶它跟做自己之間的衝突。雖然跟安全感一樣，如何擁有「歸屬感」或是「做自己」並沒有標準答案，但多多少少能感覺到它們並不在同一個光譜上，彼此好像無法同時存在。

直到有天，我意識到歸屬感並不能向外尋求，雖然從字面上看它確實像是依附某個人、某件事，或某個情感，但它確實應該是由內心產生。換句話說，**真正的歸屬感是你發現自己不需要歸屬任何事情，你唯一要歸屬的是自己的內心**。你不需要成為某人口中的「誰」，而是在探究的過程中慢慢知道自己是誰。這跟做自己並不抵觸。

並不是說你就要做個跟別人預期不同的人，就算你的行為跟別人預期的一樣也沒關係，只要那是你願意成為的自己就好。能夠成為喜歡的自己，同時別人也喜歡那樣的你，非常好；倘若別人不喜歡那樣的你，也無妨。

那要如何才會讓自己有歸屬感，又不至於失去原本的自己？

有個練習你可以多嘗試的：懂得尊重自己的底線，然後適時地跟別人說「不」。

首先，你必須設定好自己可以容忍的界線，當某件事或某個人抵觸到那條界線時，你要有所反應，你要為自己堅持，而不是一再地妥協。

所謂的底線，並不是多冰冷無情的態度，它就是一種分辨的能力而已。就像你知道自己喜歡吃什麼美食、看什麼電影。建立底線，別人才會拿捏分寸，你也才能保護自己最在乎的事，把時間留給最重要的人。

當然，有時候考量工作內容必須配合別人，或是無奈接受主管的命令做自己不認同的事，但你不能因此習慣什麼事情都逆來順受，而是應該嘗試在可控的範圍內，練習為自己想要的事堅持。

另一個底線，是知道何時要勇敢地不合群。

我在準備研究所入學考時，不希望自己對結果有遺憾，決定全心投入準備考試，同時減少跟朋友之間的互動，許多行為就顯得「不合群」。當時一星期會有幾天需要從住處搭車往返補習班，下課後同學會彼此在車上聊天、吃宵夜。若考量人際關係，我當下應該要加入他們聊天的話題裡，顯示我的合群。

不過我那時選擇戴上耳機，低著頭繼續看上課的筆記，那個當下我顯得很不合群，但我是有決心想要考好研究所，我知道該有的界線在哪裡，所以我很堅持做我覺得對的事，就算我看起來不怎麼合群。最後也因為有堅持自己的底線，才有機會錄取想要的研究所。

不只是人生的選擇，在生活中與人相處的互動，或是工作上的時間管理、任務規畫都一樣，你要為自己設下明確的界線，這樣別人才不會濫用你的好心或是寶貴的時間。該合群時合群，不該合群時婉拒，這就是分辨，分辨自己想要的人生。

重要的是，不要因此害怕讓別人失望，不要害怕用更真實的自己去活著。

我們都會害怕讓別人失望，會擔心自己是否做得不夠好，會自責父母吵架是不是都跟自己有關，會顧忌在別人面前表現出脆弱的一面，會恐懼失去某一段關係。也因此，有些人會把真實的自己隱藏起來，強顏歡笑附和其他人，或是無力地被人予取予求。

其實，喜歡你的人，會連同你的缺點也喜歡；在乎你的人，會在乎你有沒有看見自己的優點。讓別人失望，不代表就是沒用的人，為自己開心，不代表就是自私的人。

如同一項技能需要經過練習才會熟悉，擁有歸屬感也需要練習。前提是，你要先正視自己的需求，以及分辨哪些是別人不合理的要求，試著在每一次練習中去克服它，練習拒絕不對的事情。就算失敗也沒關係，因為你還可以再進步，只要下一次做得比現在還好就可以。

擁有歸屬感，並不是你找到了某個跟你形狀接近的地方，用力地凹折自己再硬塞進去，期待從此就可以安全地待在裡面；而是你終於發現，可以在不需要任何人的同意下也能放心做自己。

或許，歸屬感真正的意思，是我們要全心全意歸屬自己的情感。不需要配合誰，不用屬於任何地方，每個人都有自己生命的輪廓，衷心地相信自己足夠完整。

不要因此害怕讓別人失望，
不要害怕用更真實的自己去活著。

沒有凡事順利的生活，別為討厭的人事執著

艾語錄

相信自己的努力，
在每個不確定的未來，都有更好的你存在。

煩惱都是自己想出來的，
而未來，則要靠自己走出來。
如果不朝喜歡的生活前進，
永遠不會知道更好的自己在哪裡，

其實，所謂的勇敢並非不再害怕，
而是踏穩步伐，一個人也能清醒地面對困難。
信心雖然不能幫人解決困難，
但可以幫你走出困境，
努力雖然不保證有更好的成果，
但一定會遇見更好的自己。

你覺得自己比較理性還是感性？不少人應該都被問過這類問題，或是做過類似的心理測驗，好奇自己是屬於哪一種。

如果非得選擇，我會說自己是感性的人。雖然依照求學背景跟工作經驗，我應該被歸類為理性陣營才對。從學生時代接受理工的研究訓練，到後來時常接觸商業財經資訊，注意力不時遊走於一則又一則的科技新聞裡，看起來我比較像是理性的人。

然而，寫作時經常要把感性揉捏進文字裡，就我對自己的了解，這方面又更像是個感性的人。我喜歡聽音樂，會沉浸在能觸動心靈的電影劇情裡，喜歡看大自然拿光影當染料在天空中作畫，或是靜靜聽著海水奏出能傳進心裡的浪潮聲。

但就像問我喜歡吃西餐還是中餐，喜歡韓式料理還是日式料理，喜歡聽流行音樂還是古典音樂，我會說兩邊都喜歡。雖然認為自己是感性偏多，但也願意接受別人說自己很理性。

嚴格來說，也沒有誰是完全的理性或感性，甚至從人類行為學的角度來檢視，人都是以感性為主。

就像我們知道不應該被情緒掌控，但別說掌控，少有人能在情緒冒出來的當下，馬上觀察到自己的情緒是處在什麼樣的狀態裡。情緒一出現，理性的那一面就瞬間消失。明明知道氣話傷人，但吵架時就是忍不住說出口，明明知道某人編造的言論並非屬實，但聽到是跟自己有關後依然會失望。

情緒，是一條條看不見的細絲，在上方懸吊起自己的四肢，像在操控人偶一樣處處牽動我們的行為。

⋯

感性的情緒，一直以來都是凌駕於理性在掌管人的行為。從大腦發展的順序來看，感性的情緒也比理性的意識更早出現。

我們不妨把大腦看成一個房間，如果今天有把鑰匙可以開啟那扇門讓你走進自己的大腦，你會發現裡面住著兩個人。一位是白髮蒼蒼的老人，一位是有活力但不失穩重的年輕人。老人平常沒事會坐在房間中央的沙發上休息，把大腦的指揮權交給年輕人來管理。他們日常的對話聽起來像這樣：

「今天中午想吃什麼？」年輕人問。

「你決定吧。」老人說。

「那就吃這家拉麵吧！」年輕人翻開過去用餐紀錄後做出這個決定。

偶爾他們的對話也可能是：

「我該答應那個人的約會嗎？」年輕人在房間裡低頭踱步問。

「這你決定就可以。」老人再度緩緩回應。

「我不是很確定，但感覺對方個性不錯，答應試看看吧。」說完年輕人臉上揚起了幸福感。

雖然偶爾年輕人會做不出決定，但多數時候年輕人都能按部就班做出選擇。只是有些時候，老人就會出來主導話語權了。

老人已經在大腦裡生活很久，在年輕人出現前早已存在，只要老人一開口表示意見，年輕人就算不願意也要聽。老人平常話不多，唯獨在外界有威脅時反應會特別大。當感受到恐懼、焦慮，還有生氣的時候，老人都會想站出來主導一切，直到情緒平靜為止才會坐回沙發休息。

老人出現在環境相對原始的時代，當時外面的世界充滿著肉食性的野獸，為了快速反應，他應對問題的方式只有兩種，不是戰鬥就是迴避，這是長年的習慣，是保護自我的信念。就算旁邊的年輕人覺得應該冷靜分析現況，行為方向還是要朝老人的指示而去。老人不會改掉這習慣，「人類可是因為有我才能活到今天！」如果老人會說話就會這樣驕傲地表示。

現在你走出那扇大腦之門，或許已經猜到年輕人跟老人都代表著「自己」。以角色來看，這個老人就是我們大腦裡的杏仁核，而年輕人就是前額葉皮質。杏仁核位在人類大腦較早開始發展的區域，那時的人類不需要去思考海水為什麼是藍的，氣候為什麼會變化，還有中午要吃拉麵還是沙拉。

當時人類在乎的，是如何在猛獸環伺的情況下活過一天又一天。那時候的大腦要求人類，面對困難時無論選擇戰鬥還是逃跑，只要能生存下來就可以。他們沒有需要「活在當下」的觀念，因為他們只能活在當下。

隨著人類的演化，雖然掌管理智的前額葉皮質已經主導大部分的生活，但杏仁核依舊才是主宰著人類的基本情緒。

心理學家強納森．海德特就用了傳神的大象跟騎象人來比喻。理智的騎象人平時手握繩索操控大象要去哪裡，可是當環境出現令人焦慮、驚恐、害怕的情況導致大象受到威脅時，行為幾乎就由情緒化的大象決定了。

從科學的實驗結果來看，感性的力量也可能大過理性，因為恐懼帶來的動機力量更是明顯。

實驗是這樣進行，研究人員先準備一個特製的盒子，盒子內部隔成兩邊為黑色跟白色的區域，中間用一道板子隔開，板子上有一扇活動小門。

接著實驗人員會在黑色區域放進一隻小老鼠，並在白色區域放置一塊乳酪。小老鼠看不到乳酪，但聞到香氣就知道附近有好吃的東西。經過幾次的試探後，老鼠會衝破小門找到乳酪。研究人員會反覆對同一隻老鼠實驗，直到牠產生衝破小門的行為記憶。

接著研究人員會拿出另一個新盒子，放入另一隻老鼠做實驗，不過這次白色區域沒有香氣四溢的乳酪等著，而是對整個黑色區域進行溫和但會不舒服的電擊，刺激小老鼠想辦法逃離黑色區域。很快新的老鼠就衝破中間的門進到安全的白色區域。反覆幾次後，這隻老鼠也對衝破小門產生記憶。

實驗最後會把兩個盒子中的乳酪跟電擊機關都移除，因為兩隻老鼠已經有記憶連結，所以依然會衝破小門來到白色區域。研究人員想觀察，這兩隻老鼠之前產生的記憶會留存多久。結果，對於尋找乳酪的小老鼠來說，嘗試不到十次發現沒有乳酪就停下來了。至於有被電擊記憶的小老鼠，會不斷衝過小門幾十次後才漸漸停下來。

實驗者最後推估，恐懼或焦慮對大腦的影響力超過理智跟獎賞。

這也是為何當人在飢餓時會特別地衝動，結果吃進過多的食物撐到肚子不舒服，或是生氣時失控做出不合理的行為，事後又懊惱自己為什麼要那樣做。也就是說，那些偶爾才出現的少數情緒，才是真正左右我們行為的原因。

因此，人在發生難過的事情時，會感覺負面想法特別龐大，大到不只遮蔽了心情，也擋住空間裡的每個出口。因為負面情緒會引起人的恐慌，奪走人的安全感，大腦裡焦躁的老人就想出來主導一切。

如同肚子餓時食物會變得特別美味，心情不好時看事情也會特別糾結。通常一件事情的好或壞，不完全是由事情的本身決定，更多是取決於自己心情當下的好或壞。生活即是這樣，當我們跟自己的情緒作對，眼前看什麼都不對。

無論你認為自己是理性還是感性的人，重要的是，我們都應該是個喜歡自己的人。完整接納自己的個性，完整容納自己的情緒，就算此刻面對不好的事，也願意用心陪自己走過。

沒有凡事順利的生活，如果事情還沒有變好，或許只是需要多點時間；如果還無法期待現在，那就試著開始期待未來。留點力氣給明天的自己，開不開心都先靜一靜。閉上眼時，想想過去的好，張開眼時，看看周圍的好。

至於那些還無法解釋的事情，就讓時間去解釋，還解決不了的難題，就交給成長去回答。裝作若無其事並非就是逃避，很多時候，我們要先安撫自己的心，事情才會變得讓人放心。

都會好起來的，情緒是，你也是。

閉上眼時，想想過去的好，
張開眼時，看看周圍的好。

在旅行中想像，在日子中成長

艾語錄

人生是一段又一段的旅程，
每個階段都有想抵達的遠方，
也都有始終觸碰不到的天荒。
那些遺憾，像是無意間自背包掉落的物品，
沒撿起來，也就被擱置在青春的路上，
事後想找，卻不知道該怎麼尋。

不過就像有些歌，長大了才聽懂，
聽懂了悲傷，療癒了傷疤；
有些人事，也是後來才學會珍惜。
而遺憾，不過是長大的附屬品。

所以，把握當下時光，走進未知的異鄉，
人只活那麼一次，
歌可以反覆聽，但人無法隨時見，
機會不是隨時有，時間不會再重來。

打包行李，旅程即將開始。行李箱快要裝不下，想起上次才說要買新的，但買再多還是有裝不下的一天吧。記得年輕時行李箱都裝不滿，怎麼不知不覺就裝不下。

開始整理行李，把物品從箱子裡移出來列隊排好。好像在做清單管理，幫衣服跟用具標上了優先順序。愈整理，愈是疑惑有些東西為何要帶出門。擔心旅途中會需要嗎？但其實知道後來也都沒用到。趕緊把它們收起來，不然行李太滿，拖起來太沉重。

整理好了準備出發，才剛踏出家門卻突然清醒。原來是夢，夢見的不是即將去旅行，而是這陣子的心情，是人生。

旅行對我來說，是為了聽清楚內心的聲音，是去一個陌生的環境，找回熟悉的自己。這感覺，很像小時候聽棒球比賽廣播。

我從小就喜歡看棒球，《YOUNG GUNS》一出新冊就努力存錢，同時煩惱當週的《新少年快報》該怎麼辦。當時的職棒環境不用等總冠軍賽也會接近滿場，龍象大戰彷彿兩個前世今生的敵對部落，每到開賽時段就是水火不容，散場時如同參加遊行般自動歸隊，紅黃分明地切割球場外的馬路。

在那個還沒有網路轉播的年代，我下課後會獨自抱著黑色收音機坐在地板上，把頻道調到轉播職棒的電臺，一個人專心聽著一群人的現場放送。

當時廣播還沒數位化，訊號會隨著氣候跟收聽的方位而不同，想要聽到最清晰的音質訊號，就要在電臺頻道附近微調頻率，貼近收音機一耳側聽一手轉動旋鈕，猶如電影中破解保險櫃的專注。雖然不知道調到哪個點才會有最清晰的聲音，但聽到沙沙聲愈來愈小，主播聲音愈來愈立體，就知道差不多在那附近了。

旅行對我而言很像這種感覺，偶爾人生的節奏出現錯頻，心中聲音不再清晰時，我就會藉由旅行來微調自己，幫助我思考生活的步調是否跟自己期待的相同。

會喜歡上旅行，似乎是在不知不覺中。年輕時對旅行並沒有多大的體會，覺得就是搭飛機到處開眼界。隨著後來造訪的國家變多，加上人生的複雜感變厚，才漸漸在旅程中體會出不同的心境。或許是遠離了自己熟悉的環境，所以能平靜地跟自己內心對話。

至今除了帛琉跟魁北克那兩次的經歷，還有兩段旅程讓我印象深刻。

旅行的體會＃1

聽說，巴黎是個浪漫的地方。聽說，巴黎也是個購物的地方。所以我跟馨就去了。

巴黎的浪漫很難用言語形容，街道上不時可見如同被按下時間暫停鍵的中世紀建築物，沿著街景連綿而上的天空，顏色又貌似特地為巴黎這座城市調配出來。巴黎的建築，巴黎的美食，巴黎的咖啡，巴黎的天空，彼此像是已排練無數次的交響樂團，演奏出無可媲美的旋律。才抵達沒幾天，巴黎就進入我最喜歡的旅遊城市名單。

然而在這些浪漫的體驗中，有個購物經驗很不浪漫。

趁著此趟巴黎行我購入一個登機箱，售價說不上便宜，但在法國購買確實划算，在店裡試用沒多久就決定入手。說來，人的購物欲好像會跟著售價的變化蠢動，如果不是在巴黎或許我不會那麼快購買。也可能是太開心了，走回民宿後才發現箱子開關的鎖有問題。

曾在網路上看過，國外有些店家會利用遊客只停留幾天的原因，故意把瑕疵品賣給觀光客。當時我確實只剩幾天就要離開巴黎，擔心是否也遇到同樣情況。趕緊詢問民宿管理者意見，他要我儘早回去找店家反映，若有問題再用電話聯絡。我立即取消之後的行程，直接殺回店裡去。

「不會這麼倒楣的，那位店員看起來人很好。」一路上我走得焦急，不斷在內心跟自己說話尋求安慰，又擔心如果負責的店員下班了，交接的店員不認帳該怎麼辦。那是一段走路不算近，坐計程車反而堵更久的路程。但顧不了那麼多了，只能提著登機箱三步併兩步地走回商場，並在內心悄悄做好準備，如果對方真的想方設法來為難我，也只能怪自己粗心沒有在店裡檢查好。

抵達店家時，幸好那位店員還沒下班且對我還有印象。確認沒其他問題後，隨即告知現場已經沒新品，需要從別處調貨。「需要等待新貨送來的時間。」聽她說完我心頭一震，想著該來的還是要來了。

我想店員應該觀察到我臉上的表情，接著微笑地說，兩個小時後再回來取貨就行。當下心中不自覺想起「煩惱都是自找的」這句話，覺得這箱子都還沒裝進任何旅行用品，已經先裝進特別的旅行回憶。

拿到更換的登機箱後，一整天的焦慮感瞬間釋放，等我走出商場時已經是晚上八點多。說是晚上，五月的巴黎此刻才正要日落，如同經典香水的金黃色天光錯落在建築物之間，緩緩收降的夕陽更是與巴黎街道融合。我下意識地伸出手接住光，想讓自己成為一部分的景色，此時才忽然想起，來的這幾天並沒有好好享受街景的美。

因為手機地圖的便利，現在出國不再習慣事先查好路線，而是到了當地後才上網查詢目的地跟推薦路線。可是以我的經驗來說，這方式在國外經常遇到麻煩。因為路標跟語言的不同，加上網路訊號定位誤差，很多時候在抵達景點之前都會轉錯方向，反而因此繞了更多的路。此外，因為一路上擔心錯過轉彎的路口，總是三不五時要拿手機出來確認目前位置，沒辦法放下心來享受散步的感覺，也才會來巴黎的這幾天沒有好好沉浸在街道的氛圍之中。

當天在換好登機箱後，因為那條路已經是來回走的第三次，所以不需要查詢地圖也知道怎麼走。加上登機箱的問題解決，心情頓時放鬆不少，後面也沒有行程要趕，索性就放慢腳步走回民宿。那一刻我也才真正感受到巴黎的街道有多迷人。

想想，人生大多時候我們都會因為某個原因忙碌地前行、匆匆而過，看似有目標地朝著某個方向而去，因此忽略自己正走在擁有美好景色的道路上。**很多時候我們都忘了，工作的目的應該是為了成就生活，不是為了犧牲生活；付出是要讓日子變得更好，而不是變得更累。**

旅行的體會＃2

旅行給我的另一個體會，至今對我而言很珍貴。

在過去網路旅遊資訊還不豐富時，旅行前我會詳細做好事前規畫，把需要的地圖、景點行程、聯絡資訊列印成紙本摺起來攜帶，抵達目的地後就照規畫執行。但畢竟蒐集的資訊有限，所以會在行程之間加入緩衝時間，以防計畫突然生變。

如今在國外手機已能隨時連接網路，即時查閱各種遊記，我開始習慣在入住飯店後才敲定行程，如此更能依照天氣預報彈性調整，資訊的便利讓我可以精確地掌控每一天行程。然而，也就是可以精確了，反而不再留下緩衝的時間，更開始期待追求完美的行程，希望把旅行的未知降到最低。

只不過，遇見未知的事情，不正是旅行的樂趣嗎？

在我還沒意識到這點之前，我期待安排的行程可以依照計畫依序實現，雖然不到沒成行就失望的地步，但心中還是會擔憂行程不如預期該怎麼辦？總是希望能安排到最適合的行程，訂到最好的火車座位，碰到最好的天氣。如果是需要提前訂票的熱門景點，就想挑選可以避開最多人潮的日子。如果要抵達的地方需要轉乘交通，就會盤算花最少的時間通車。如果是欣賞戶外風景，就會斟酌氣象預報最晴朗的那天。

不過，旅程跟人生最像的一件事，就是計畫趕不上變化。

好比我在魁北克除了丟失相機腳架，離開的那天也發生些許遺憾的事。當天我們是搭乘晚班飛機要前往多倫多，因為前一天的夕陽特別浪漫，所以我希望離開前可以再看一次。退房當天衡量日落時刻跟班機的時間後，心想應該有機會再欣賞一次日落。我因此滿心期待，畢竟日落的美就在於，沒有一天的日落是完全相同。

而那天的日落也確實不同，沒有昨天那麼好。當天的積雲多又厚，光線的折射角度不夠，漸層的日落顏色不如前晚般幻彩。但是因為離班機起飛時間還夠，我們就坐在斜坡上等待。

又過了約莫一個小時，夕陽映照到雲層的顏色變化依舊不明顯，期間陸續也有遊客離開，心想再堅持下去好像也沒什麼用，倒不如提早出發去機場。猶豫幾分鐘後我決定回旅館叫計程車。

車子很快抵達旅館來接人，行李陸續搬上車後，遠處街隅突然明亮起來，隨即一大片金黃色夕陽灑落在布滿紅楓葉的山壁上，山腳下座落著一棟又一棟的海邊小屋。那畫面是在魁北克數日來第一次出現的景色，而我的人即將坐進車子裡，無緣再走回坡道上飽覽全景。

「好在，至少離開前有遇到這樣的畫面。」我心裡是這麼想，但其實一點都沒有起到安慰作用。那景色太美了，美到我覺得可能再也不會擁有，多希望自己此刻是坐在斜坡上而不是車上。我的心情開始失落起來，心中再度想起那遺失的相機腳架，我拚命想提醒自己此趟魁北克行的美好，卻無力阻止自己不往壞的方向想。

去機場路上，我想像還坐在斜坡上的自己是有多感動，而現在的我又有多後悔提早離開，心中忍不住嘀咕起來：「如果再多等一下就好。」「明明時間還很夠不是嗎？」「為什麼要那麼快就放棄呢？」我知道這些想法可笑，彷彿我是失去什麼重要的工作或人生目標，那就僅是一道夕陽不是嗎！但可惡的是我就是好想看到，覺得那片夕陽是一塊拼圖缺片，沒有它回憶就不完整了。

車子抵達機場後，手機時間顯示我們還有一小時的空檔，我的心情也如同夕陽的顏色漸漸被黑夜吞噬。我們是最早通完關進到候機室裡的人，過一段時間，剛剛另一組繼續留在斜坡上等待夕陽的遊客才走進來。「他們應該有看到那片夕陽了吧……」我失落地想。

為什麼我會那麼在乎那道夕陽？不知道。是因為那趟魁北克行非常完美嗎？是因為覺得以後不會再造訪，所以從此要跟那樣的夕陽錯過嗎？還是後悔自己為什麼要提早離開？

真的不清楚，人有時就是這樣，不清楚自己到底在彆扭什麼。

就像心理學有個比喻：人在心情沮喪時，會猶如被關在一根根冰冷的鐵條後面，雙手握在鐵條上拚命地搖晃要人放你出去，卻從不轉頭往左右兩邊看，其實有一道大門始終敞開著。

後來我帶著懊惱的情緒上了飛機，也許是踏上新的旅程了，或是等待飛機起飛的空檔，我開始思索這次旅行的體會，起初思緒也幾乎落在被撿走的腳架與錯過的夕陽上。突然間，我腦中閃過一個念頭，一件覺得自己猖狂到無地自容的事情。

我・竟・然・想・要・控・制・天・氣？

這念頭隨即從腦中沿著神經牽動到臉上，當下忍不住失笑。天呀！我怎麼會如此猖狂，竟然想要求老天配合我的意思，在我指定的時間點，出現我想看到的夕陽？「我是個什麼東西！」頓時我領悟到，原來我會那麼後悔，是因為覺得都花時間等待了，事情為何沒有照我預期地發生，我想要控制我根本不能、也不應該控制的事情。我覺得自己可笑，好像看穿了一個蠢蛋。

從那次之後，我把這個經驗衍生到生活許多面向。我原本就有在練習不控制不能控制的事情，但經過這次的旅遊體驗後，我更嘗試把這個觀念形塑成我的人生觀。

身而為人，我們真的不應該覺得自己有多大的能力，希望這個世界依照自己的想望去運轉。

不只是旅行的計畫，也不只是某件事的進展，更是生活的每個角落，人生的所有面向。當我們已經付出行動去做了，接下來的未知就不是我們可以控制。我們可以想辦法降低發生或不發生的風險，但不代表事情最後以糟糕的方式呈現就是自己的錯。

我們可以反省，可以檢討，可以允許自己因此難過，但絕對不該任由自己卡在那些不屬於你能控制的情緒監牢裡。當我們把自己關進情緒低落的鐵牢時，應該要記得往左右兩邊看看，其實大門早就開著等你自己走出去。

⋯

也還好旅行時有這些意外的插曲，當下好似打亂旅程的節奏，實則把自己從繁忙的日子中抽離出來，體會不同的體會，攤平生活的皺摺。我想起過往在旅行中遇到的幾個意外，某次是在舊金山出現人生第一次的鼻子過敏。那幾天在美國的心情並不太好，卻也體悟到平凡沒事的生活有多值得珍惜。

我喜歡的旅行就是這樣，用幾天的時間重新認識自己。縱使去的地方已被別人寫成熱門遊記，心中打定還是要自己走一趟才算數，在不同的時光，用不同的眼睛，以不同的人生，編織出自己獨有的光景。就算跟其他遊客擠在同一個地方，面向同一個建築物，心中依然可以體會到不同的人生韻味，當下因為時空遷移，重新找回內心喜歡的那個角落。

旅行是在不同的時光，
用不同的眼睛，
編織出自己獨有的光景。

輯三 /

好壞之間

你的努力，
將把最好的帶到眼前

這世界沒有隨便的成功，
也沒有輕鬆的成長，
機會是蘊藏在過程中的，
不出發你永遠遇不見它。

工作或許是別人給的，但生活一定是自己過的

艾語錄

無論你現在做的是什麼樣的工作，
內容讓你感到心酸還是新奇，
你都是在為更好的生活而努力。

記得，工作或許是別人給的，
但生活一定是自己過的，
工作順不順利並非你一人決定，
但生活開不開心完全在你。

沒注意到這種體會是何時開始有，輕鬆就能擁有的東西，擁有後通常都不輕鬆。

是人都會，想要輕易就獲得東西，會希望吃較少的苦也能過上好日子，縱使理智告訴我們不該走捷徑，但天性難以抵抗。好逸惡勞是人類自遠古時代就在血液中流竄的習性，我們的大腦是演化來求生存，而不是演化來選擇生活。只要能活下去的方法，愈輕鬆愈好。

只是，我們早已活在不同的時代，當你選擇輕鬆過生活時，日後的生活並不會因此跟著輕鬆。就像平躺很舒服，但要人躺個一整天會很痛苦；凡事都有代價，無論是做還是沒做。況且，選擇不做或只做輕鬆的事，如同站在浮木上隨便一個動盪都可能失去所有。

•••

還在園區上班時，我就有一個「先讓自己不輕鬆」的深刻體會，甚至後來造就我走上演講臺。

那天得知公司要導入新的品質管理系統，預期能改善研發跟生產效率。當時大家只聽過這套方法可以改進產品的品質，但部門裡沒人熟悉怎麼運作。

過陣子公司找來外部顧問教導這套系統，每個部門需要派人研習數個月的課程，學完再把這套管理技巧導入工作裡。聽起來是難得的學習機會，不過任務並不輕鬆，除了課程會占用到下班時間，平時的工作量並沒有減輕，該負責的專案，該提交的工作報告一樣不能少。況且沒人知道這套系統是否對部門有幫助，也許花了很多時間上課學習，最後還是被擱在一旁。在工作量已經繁重的情況下，難免會遲疑是否要參加。

但我還是代表著部門報名了，那陣子除了要騎車往返公司位在不同地方的教室，晚上還要留在辦公室補足白天的工作進度。工程師的下班時間原先已經很晚，那陣子更是接近十二點才能走出公司大門。

只是沒想到那段日子的付出，後來有了意想不到的成果。

並不是部門工作績效就此提升，也不是工作流程大幅改善，而且在我離職前這套系統似乎也沒有順利導入。真正的好處是我自己爭取到的，在課程結束後有機會參加公司的種子講師培訓。

因為是首批學員，所以理當會從中挑選有意願成為講師的人。我心想，前面的課程都參與了，後面的講師培訓怎麼能放過。當時憑著一股不怕挑戰的精神，最後順利通過培訓測試，領到證書，成為此課程公司內部最年輕的講師。其他講師幾乎都是課級以上的主管，只有我還是組織基層的員工。

沒多久，公司就排好固定的培訓課程，我跟其他通過培訓的學員輪流擔任講師，為全公司各個部門的同仁講課。上課時，底下有超過一半的同仁比我資深，但因為對他們來說是新的工作技能，所以學習上還是必須聽我授課。除此之外，我還出差到公司位在南京的子公司，同樣也是為了導入這套系統。

成為公司最年輕講師的感受，跟我在出社會前服兵役的經驗有不少相似處。服兵役時因為主動選擇當預官並擔任排長，須以有限的資源安排部隊起居生活，因此有了在二十歲出頭就管理將近一百多人的經驗。這次主動要求成為學員且在後來當上講師，挑戰是把所學習的知識拆解給同仁聽，課後還要回答資深同仁或主管的提問，因此磨練了在臺上授課的能力。

雖然當時花了很多工作以外的時間來準備教材，卻獲得寶貴的經驗。這段擔任講師的經驗也讓我在後來更習慣站在臺上，知道如何把學過的內容整理分享出來，默默增添了站在人群面前授課的信心。

這一切，都是在我承受不舒服之後才得到的獎賞，一開始我根本不知道會有後來的發展。

只要稍加觀察，那些後來成功實現自己心願的人，往往都是低頭努力做好自己事情的人。好比有些人平常生活過得簡樸，卻比許多人更快達到存錢目標。有些人看起來沒有投入多少心思在工作上，某天才發現他會利用下班時間去補習，職場英文愈來愈流利。

都是這樣的，**真正成功的人，不會只在別人看得見的地方努力，更會在別人看不見的地方堅持。不會只注重結果，更是注重過程，知道過程是條持續的線，當下發生的事都只是一個點，堅持下去結果就會出現在線的另一端。**

其實，很少有工作是真的輕鬆，每一份工作都有自己才懂的委屈，每一次的努力，也只有自己才知道的堅持。

就像有些人看似自由地在外頭跑，卻也不時需要低頭跟人拜託事情。有些人身負管理責任要監督下屬，卻也承受別人在背後說他刁難人。老師有老師的苦，醫師有醫師的勞。接案的人羨慕上班族收入穩定，上班的人羨慕接案者工作彈性。

工作就是這樣，別人看都只會看到表象的好，唯有自己正在做，才能理解辛苦在哪裡，世上根本不存在零缺點的工作。

關鍵還是在於，你能不能透過現在這份工作，成為未來更好的自己，就算目前的工作做起來討厭，也可以想辦法從中學習，讓自己有能力找到喜歡的工作。很多當初自己也想不到的成果，都是從一個不起眼的念頭開始；很多讓人驚嘆的現在，都有著微不足道的過去。從一開始沒人看好，到不斷說服自己相信，最後爬到從沒想過的高度，看見從沒看過的風景。

可以安逸過生活，但不要太早安逸過生活，偶爾安逸沒問題，但一直安逸遲早有問題。這世界沒有隨便的成功，也沒有輕鬆的成長，機會是蘊藏在過程中的，不出發你永遠遇不見它。

多為自己打氣，學習在不順時給自己鼓勵。努力並不會背叛人，它走不快，但早晚會跟上，它讓人不輕鬆，卻讓你以後變輕鬆。或許短期內你無法從事更好的工作，但還是可以先經營好自己的生活，為自己開心地努力，有天你一定能得到更大的掌聲。

努力並不會背叛人，
它走不快，但早晚會跟上。

找不到想走的路，那就先走好現在的路

艾語錄

當你失敗了，有人會替你擔心，
也有人會因此開心，這就是真實的世界。

然而，生活是自己的，
所有的辛酸嗆澀都是自己才知道，
也是由自己來品嘗。

這世界有人支持你，就會有人討厭你，
有人會替你打氣，也有人希望你放棄。

我們不用到處去懷疑別人，
但一定要努力地相信自己。

有那麼一會，其實我想回去上班。好吧，老實說不只一會。

從離職那天到開始寫部落格，中間有兩年我不停地尋找目標，其中有許多日子是在徬徨中度過。離職後能運用的時間變很多，但想做的事情更多，我困惑著要專注在哪一個。

在沒有工作收入的情況下，想到過往穩定的上班收入，不免對重回職場上班的可能性心動，當時我心中的夢想猶如被綁在一條線上，懸在空中努力地抗衡穩定薪資的磁力吸引。擁有選擇的機會當然是好事，但有時候你給自己太多的機會，反而是種危機。

哥倫比亞大學教授希娜·艾恩嘉專門研究人如何做選擇，她說到：「太多的選擇，會導致人不知道如何選擇。」經由研究她發現，如果給出十個以上的選項，人反而會做出差勁的選擇，不論是退休金的投資選擇，還是生涯其他重大抉擇。

然而，擁有很多選擇總是吸引人的，至少比沒得選擇好，不是嗎？

這個迷思，艾恩嘉的果醬實驗可以幫人打破。她與團隊人員測試顧客購買果醬的意願，發現試吃攤在分別陳列二十四種與六種果醬時，雖然擺出二十四種果醬時能吸引較多的人潮試吃，可是在至少購買一罐的情況下，六種果醬的試吃攤更容易讓人掏錢。

這看似矛盾的現象，在我的生活中也常上演。我是一個好奇心重的人，優點是我勇於嘗試陌生的事情，缺點是我經常遇到選擇障礙。

某次我跟朋友相約到茶飲餐廳聚餐就陷入選擇的困擾。印象中那家店販售的餐點是以中式小點為主，是個主打放鬆聊天的地方。等到坐定位店員遞上菜單後，我跟朋友才知道有類似牛肉拌麵、日式炸雞的定食可選。

光看食物照片就肚子餓，當下便決定要改點定食。只是隨著翻到的主餐菜色愈多，我愈難做出選擇，同行的一群人也紛紛進入沉思狀態，花了二十多分鐘大夥才決定要吃什麼。

簡言之，過多的選擇，反而變成不好選擇；過多的選擇，人們就會放棄選擇。而一旦我們失去了選擇的動力，我們不是被動選擇自己不喜歡的事情，就是被操控選擇自己沒那麼喜歡的事情。

問題在於，現今人們就活在「選項爆炸」的時代。生活中經常可見，看似選擇有很多、很自由，卻也多了新的煩惱——要如何做出正確的選擇？小至一頓飯要吃什麼、該買哪一款手機、出門穿哪件衣服，大至要就讀什麼科系、從事什麼工作，還有，手術要選會有千分之三還是萬分之一失敗風險的方法。

此外，因為選擇太多，許多人也不自覺走進人生的選擇障礙，反而錯失擁有喜歡人生的機會。所以近年才有愈來愈多的人實踐減法哲學，起初聽起來違背常理，擁有的不是應該愈多愈好嗎？但實則多的都變成浪費，不只耗費金錢，更是耗費精神。

至於要如何克服？關鍵就在你如何縮減自己的選擇，不論是買東西，還是決定人生方向。

⁂

我一直對學習收納技巧有興趣，每次進行收納時也體驗到其中的意義：每個人都必須先丟掉自己不喜歡的東西，才有空間裝進喜歡的事情。這想法無論是用在居家空間或是心理空間同樣適用，要先整理好心情，才能處理好事情。

在收納的過程中，不只是要考慮如何把東西整理好，更要思考如何運用有限的空間。因為空間大小是固定的，但人的物品會隨著歲月而累積，哪些該留，哪些該丟，不只是選擇，更是一個梳理自己內心的過程。

近十年來席捲全球的整理專家近藤麻理惠，她有一個收納觀念我就很喜歡：不是要想哪些物品希望留著，而是先想哪些物品你不需要。想著需要哪些物品，你會因為捨不得而都想留下來，若先專注在不需要的物品，就比較清楚哪些物品其實已不喜歡。同樣，知道自己要做什麼確實重要，但有時知道自己不該做什麼更重要，這與時間管理技巧中列出「不該做清單」類似。

就跟人生一樣，也許當下你還不知道自己喜歡做什麼，但至少可以知道自己不喜歡做什麼。運用減法原則，精簡自己的選項，也蓄積自己的動力。

整理時，每一次收納的過程，都是一個汰換的過程。人生每一次的選擇，也應該是個汰換的過程，關鍵不是在你要淘汰掉什麼，而是你最後留下什麼。

⁝

歷經離職後那段徬徨的日子，我漸漸分清楚並不是每個眼前的機會，都是真心想做的事。有時候，我們只是不小心承載了別人的期待，進而說服自己那些就是應該去做的事，任由別人的眼光在心裡灼出傷，結成遺憾的疤。

如同一杯含有雜質的水，無論你怎麼搖晃，水跟雜質都會混在一起，唯有靜靜地把水杯放在桌上，雜質才會漸漸沉澱分離。人的心智也是，需要先讓自己平靜，或讓自己暫時遠離人群，才能分清楚真心喜歡跟不喜歡的事情。

其實，所謂正確的選擇，看起來是一個決定，但背後是由好多個不確定所組成。後來的路看似筆直，出發前其實也都繞了很久，掙扎過好多次壞的可能，才終於對自己坦承，選擇那個始終牽掛的方向。

之所以會陷入困境，是因為有太多的好需要捨棄，有太多的壞需要承擔。然而，這些都是想像而已，當你付出行動後，情況往往沒那麼複雜。有時候，我們需要的不是夠多的選項，而是夠多的勇氣。

找不到想走的路，那就先走好現在的路，還不確定想做什麼，那就先問自己討厭什麼。面對生活，我們要努力，更該盡力，但不要勉強。不用勉強去接受討厭的事或人，而是努力為喜歡的事情做篩選。也許要過好一陣子才能知道自己喜歡什麼，但至少你也用了努力，走過一段沒有辜負青春的日子。

你需要的不是夠多的選項，而是夠多的勇氣。

年齡只是時間的刻度，不是人生的廣度

艾語錄

沒什麼事情是過不去的，
過不去的，再過陣子也會沒什麼。

其實，時間它看不到，聞不著，
卻是實質地影響我們。
在時間面前，所有的繁榮都只是片刻，
所有的喧囂終究會消逝。

所以別把自己困住了，
真正讓人累的，並不是路途太遙遠，
而是腳下磨出的傷太痛。
也許事情不會那麼快平息，
但相信只要心情先好起來了，
事情早晚也會好起來。

讓時間停滯，是一種只要細細品嘗就能體會的感覺。

高鐵通車之後，當天南北往返的工作次數變多，我也慢慢開始享受在高鐵上的乘車時光。因為住處離車站有段距離，出門時間都會想抓得剛好，不想太早出門在車站空等，又怕太晚出門錯過班次。有那麼幾次，我在列車進站的前三分鐘才抵達車站，慌張地拎著背包直奔月臺。

有趣的是，前一秒才狼狽地衝進月臺，下一秒踏進車廂後，瞬間浮現一股安定感，好似時間被誰按了暫停鍵。

並非眼前景象化成電影般的畫面，除了我之外萬物都被凍結靜止，而是走進車廂的片刻，我再也不需顧慮時間的緊迫。直到列車抵達目的地之前，我擁有絕對空閒的時間，這段時間我可以自由閱讀一本書，補充一段睡眠，或是望著窗外景色飛逝，不被任何事物打擾。時間的流動，時間的消逝，此刻對我毫無意義。

•••

時間，一直是個會讓人質疑的存在。時間跟空氣、聲音、光線一樣摸不到，不過唯獨時間無法透過器官來感知。它的形體看似從竿影、沙漏、指針再來到符碼數字，實際上都只是種捕捉方法。如同人會追尋意義，整個地球也只有人類在乎時間；幾點要進公司，幾號要繳帳單，一天要睡幾小時，跨年要從十秒而不是一百秒開始倒數。跟時間有關的規範都是人類刻意地聯想。

還有，那不知從哪裡冒出來對時間的敏感度：幾歲之前該做到什麼事。我現在就不得不面對它。

原本以為自己站在三十歲的門口前，會像許多人說的遭遇年齡門檻的焦慮，沒想到我二十九歲的最後一天就像平凡的日子滑了過去。然而在我對年齡門檻免疫的自豪下，毫無準備的我，卻在即將來到的四十歲門口前徘徊，莫名焦慮起來。

很多的事情想做，但也有很多事情確定來不及完成。我想這是每個人在不同階段都需要面對的難題，想做的事始終提不起勁，來不及做的事又一直掛在心上，不時像隻蚊子般在耳邊嗡嗡嗡揮之不去。搭車錯過站趕緊下車坐回去就好，但人生永遠不是那麼簡單。

時間就像流動的水，任由你拍打它、撥動它，它還是會回到原本的流動狀態，沒有人可以在時間上留下刻痕。它會在你伸手接住時從指縫中穿過，在每個生命的縫隙中流過。時間不會因為你錯過什麼就憐憫你，也不會因為你得到什麼就欣賞你。它從來就不存在，存在的是我們加添在它上面的思緒，套上了想法形成了輪廓，彷彿隨時可以觸碰到它。

其實，真正讓人感到壓力的不是時間，是期待。別人的期待，社會的期待，家人的期待，朋友的期待，或者對自己錯誤的期待，做出超出自己目前能力範圍的事情，想要滿足不可能滿足的事。

好比我開始健身的頭一年不時受傷，大多是肌肉小拉傷，休息幾天就恢復，但有一次拉到背部左腰側的肌肉，花了快一個月才恢復到可以正常活動。那次拉傷之所以特別嚴重，正是我對自己的肌力有了錯誤的期待，在舉到幾乎力竭時，認為自己還有力氣再撐一下，因此身體負荷不了而受傷。

這就是對自己錯誤期待的後果，雖然期待自己有所表現很好，但人也要學習知道自己的極限在哪裡。身體會有極限，能力也有，如果刻意去追求還沒有能力達成的目標，或是超出心理負荷去迎合他人的期待，在無力滿足的情況下反而會開始否定自己：是自己能力不夠嗎？是努力沒有價值嗎？為什麼別人無法對自己滿意？接著你的大腦會試著合理化，結果反而尋找方法來怪罪自己，懷疑自己是不是缺少了什麼，覺得自己的人生並不完整。

只是有件事要知道，縱使我們用盡全力，依然無法決定別人怎麼看自己，做得再好還是無法滿足所有的人。

很多時候，遇到壞事人會習慣先否定自己。別人罵你不知道怎麼回應，你怪自己不會說話；人事升遷名單中沒有你，你怪自己能力不夠；用心打扮沒人注意，你怪自己不懂穿著。

可是每個人都有自己擅長的地方，也有相對好的一面。如同安靜的人相對細心或貼心，懂得自我反省的人，往往才走得遠。**何況努力的價值不能只看結果是什麼，還要看過程中得到什麼，如果最終你成為一個更好的自己，別人怎麼看你又何妨**。

人生，錯過了什麼沒關係，重要的是接下來學會把握什麼，能力不夠也沒關係，重要的是繼續為更好而學習。

我對自己這樣說，希望你也是。

雖然人體沒有器官可以探測時間，但或多或少有種感觸，覺得長大後時間好像走快了。

人為什麼會覺得時間過得愈來愈快？有一種說法是，小時候每天都有新鮮事，新的體驗輕易就填滿生活，加上對他人的眼光不敏感，所以小時候的生活很容易飽滿，時間走得很慢。

隨著長大取得新鮮感的成本愈來愈高，做什麼事都開始要衡量代價。想擁有更新的體驗就要花更多的錢，想去到更遠的國度就要花更多的旅費，想實現更大的目標就要花更多的時間。取得新鮮感的速度漸漸跟不上日子的重複，生活少了變化，對日子的記憶開始重疊，時間一下就過去。

另一個採用計量的說法，源頭是由哲學家保羅·傑奈先提出的「比例理論」。概念是一年的時間對十歲的小孩來說占人生的百分之十，感覺起來較長。對五十歲的人來說卻只占人生的百分之二，感覺很短。兩者對時間消逝的速度感，一個像騎腳踏車，一個卻像坐飛機。

我想這都是時間對人們開的玩笑，小時候我們恣意地揮霍青春，長大後才發覺青春禁不起揮霍。

可以確定的是，過去的事情再也追不回來，該把握的，是來得及擁有的未來。重複的日子不容易改變，但願意改變的人，何時開始都不晚，不想改變的人，擁有再多時間也不夠。

很多時候生活會把人逼到焦慮，覺得好多想做的事都來不及。安全感因為現實而一片片剝離，墜落感一天比一天強烈，有天環顧四周，才發現周圍的人生風景好陌生，想做點什麼卻又覺得無力。

然而，改變這種事，看的不是你目前擁有什麼，而是將來想要什麼，怕的不是你太晚開始，而是從不開始。畢竟即使有些事想做已經來不及，但不代表每件事都過了期限。

想起以前上電腦課時，常跟班上某個同學比打字速度，當時我倆是班上敲字最快的幾個人，每到練打時間都在比誰可以最快吃掉螢幕上的字，可說是同學間自辦的電競比賽。那是個電話筒還拖著捲捲的線，路邊不時有公共電話的年代，別說網路多發達，手機的概念根本沒有，壓根沒想到學習打字到底要幹麼。怎麼知道，現在竟然每天都在操用。

或許也是，那些此刻不清楚為什麼做的事情，有天都會在時光的照見下清晰起來。

無論你此刻在哪個人生階段，年齡都只是體會時間的方法，心靈才是體會生活的地方。多肯定自己，而不是綁住自己，知道自己走得慢，就早點出發，眼前若是沒路，就推著自己進步。

我想，生活的彩蛋是留給堅持到最後的人，沒有兌現不了的努力，只有還在路上的成果。生活雖然會打擊你，但更是在打磨你，直到有天你終於為自己發亮。

沒有兌現不了的努力，
只有還在路上的成果。

別埋怨你過的生活，別去過你會埋怨的生活

艾語錄

幸福，有時好像與自己疏遠著，
但它其實就藏在日子裡不起眼的地方，
偶爾出現刷了存在感，
才提醒自己那就是持續往前的原因。

心累了，就想想那些快樂的回憶，
以及現在擁有的美好，
從心，也重新，找回力量。

我們活在一個需要茁壯的自然世界裡，若失去成長的動力，接下來就只剩凋零。

凋零的感覺並不好受，它會讓人感到孤寂，變得沒有活力，早上不想起床，晚上難以入睡，出門只想與人保持距離，在人群中寧可被無視也不想與人交談，最後連跟自己相處都變得不容易。

到後來，負面情緒更是悄悄累積，時間一久，變成生活處處不如意，對生活現況失去信心的你，也就不再對未來感到有興趣。起初一點一點地凋零，最後形成雪崩般的憂鬱。

只是，很少有人可以對生活完全無怨言，大部分人對當前的生活總有不盡滿意的地方。再怎麼樂觀的人也會心情低落，再怎麼渴望成功的人也是需要休息，每個人都有跌入迷惘的時候，走不出那個無法甩脫卻也無法改變的過去。

或許該關切的是，當眼前的生活不再燃起心中的火花時，你會怎麼面對？會讓那樣的生活帶著自己到哪裡？無論如何，最終是往更好或更壞的方向去，決定權都在你手裡。

人在不知所措時，心很容易就被煩惱給占據，忘了人往前的動力是來自對未來的期待。只是要知道，無論已經做足多少準備，明天的你還是找得到事情的缺失，相對來說，無論曾經犯下多少的錯，堅強的你還是能找到其他的機會。關鍵在於，我們能否學會看見生活中美好的那一面，不讓一時的煩惱毀掉嶄新的一天。

因此，練習在事情不順時為自己打氣，在別人不看好時扶自己前進，不論發生什麼事、遇到什麼困難，當不好的事情過去後，你都要做一個能撐起自己的人。

···

如果實在喘不過氣了，也不用勉強自己一定要做些什麼，找個靜謐的地方坐著，為自己泡一杯暖心的飲品，度過一個不被時間追趕的下午，讓時間去解開糾結的心。心一旦平靜，許多事反而看得更清楚，能在紊亂的生活節奏裡譜出自己的旋律。

生活就是這樣，過於擔心結果就會變成折磨，好好用心經營每個當下，反而能期待更好的未來。你不需要勉強犧牲自己去交換還不屬於你的東西，那些人事物還不屬於你或許是有原因的，可能是需要你繼續成長，需要時間去等待，需要等到你準備好。就像翻箱倒櫃遍尋不著的物品，有天忽然就出現在眼前；就像翻來覆去忘不掉的人，有天忽然覺得跟自己無關。

專注在已經擁有的，而不是那些得不到的，周圍有很多事值得你去珍惜，值得你對自己驕傲。照你的步調往前進就是，生命會以自己的方式暈開，與其在乎那些得不到的東西，不如珍惜已經擁有的事情。當你持續把自己推向變好的那一端，有天更好的事情自然會出現在面前。

別埋怨你過的生活，現在的種種都只是過去的累積，如果不喜歡，就開始改變它。別去過你會埋怨的生活，未來的種種都是由當下的你來決定，現在就開始突破，讓自己的未來變得更好。

人生之所以值得期待，在於它注定不會完美，卻又充滿各種可能。可以因為現在的努力，愈來愈接近自己喜歡的樣子。

練習在事情不順時為自己打氣，
在別人不看好時扶自己前進。

別怕困難，
讓人掙扎的地方，
就是讓人成長的地方

艾語錄

輕鬆的選擇誰都會做；
人生，難就難在那些不知所措。
改變不代表就是在冒險，
而是希望自己能比昨天再好一些，
更靠近想要的生活。

凡是會掙扎的選擇，都藏著讓人變更好的機會。
記得，堅持追求自己想要的生活，
而不是去做別人想要的你。

只要努力，所有經歷的事都會是你獨有的故事；
只要用心，所有發生的事都會是最好的安排。

聽人說，一切偶然的背後都是必然。

看到同學飛黃騰達，才想起他在學校下課時努力讀書的樣子。耳聞留學的朋友創業成功了，才知道他在異鄉熬過一個又一個孤獨的夜晚。滑到某人體態結實的圖片，才看到他吃的都是令人敬而遠之的食物，別人在休息的時間都是他在運動的時間。

人一生平均就那三萬天，我們都應該誠實問自己，花了多少時間在自己身上？又花多少時間去關注別人的生活？好奇社會發生多少爆料新聞？跟著政治人物起鬨謾罵未經查證的事實？

時間是公平的，你現在把它花在哪裡，你的未來就會在哪裡。時間也是調皮的，它會捉弄不重視它的人，讓你當下以為忽略時間沒關係，等到有一天回頭看時，它連一點讓人挽回的機會都不給。

・・・

仔細看，網路上那些蛻變的例子，前後的對照圖故事，總是吸引群眾關注，圖片下方有著特別多的讚跟分享。一個人蛻變的故事具有強大的引力，毫不講理就吸引許多想一探究竟的人。然而，為什麼別人努力的過程如此吸引人，換成自己努力卻又非常累人呢？只能說，簡單的事情做起來容易，但要做得長久卻很難。

我從自己的經驗中也體會到，成功的故事讀起來總是激勵人心，做起來則是挑戰人性。能夠把簡單的事做好，本來就是件強大的事。

以前當工程師時常要設計電路，電路這東西跟人體不一樣，身體感冒了還可以生活，頂多奄奄無力，電路只要有個地方出錯，功能就完全不對，甚至會「啪」一聲冒煙燒起來。

所以每次在設計電路時，都需要先把使用的元件整理成表格，用肉眼仔細確認每個元件的號碼。就像是做菜，雖然可以發揮創意，但有些料理就是只能加這個、不能加那個；設計電路時有些元件就是不能亂用。

偏偏，那些元件號碼都很像，而且又很長，如同電話號碼的長度增加為十幾位數字，還摻雜英文符號。

所以為了不出錯，我當時培養仔細核對表格的耐心，確保用的電子元件不會出錯。原本，這類瑣碎之事交給電腦去比對就行，但有時一個數字標錯就是完全不同的結果，有些關鍵元件還是需要人工確認才行。我吃過太多次虧了，愈不去擔心出錯的地方，往往愈容易出錯。

不當工程師後，這種仔細比對的習慣被我移植到其他工作上。是到了後來才慢慢體會到，有些簡單的事情，看起來簡單，但要做好一點也不輕鬆。

就像要發一篇文章不難，但要每天發一篇文章就很難。寫好一篇文章花不到幾個小時，但要寫一篇好文章可能要花好幾天，更別說文章從構思到落筆有時已經花上好幾個月，甚至是好幾年來慢慢醞釀才有的體會。

另外，簡單的事做起來也是違背人心。因為簡單，所以容易粗心，也因為簡單，所以沒有耐心。

就這樣，時間成了最有公信力的見證人，見證那些能夠把簡單事情做好與做久的人，持續在某個領域發光，即使做的當下少有人關注。

小時候我曾瘋過一陣子集郵，那時看著郵票上的面額，心裡想的是以後手上的郵票若絕版，我就會是世界上少數擁有它的人。只能說純真是年少時的必然，但小時候看外面的方式正是如此簡單，所以才看得見長大後不再留意的道理——簡單的事會經由時間的運載而變得不簡單，一張郵票若能保存幾十年，票面價值也在時間的加持下有所不同。

一個人的能力也是這樣，你會需要專業的技能，因為那是你在職場上的生存方法，但你不能忽略把簡單事情做好的能力，因為那就是在職場上分出優劣的原因。

「凡是能被時間驗證的事情都很有價值，能夠縮短時間驗證的方法也很有價值。」幾年前趁著體會很飽滿時寫下了這句話，如今自己還是很認同裡面的道理。

● ● ●

無論如何，都不要小看你現在做的事，不管在別人眼裡是簡單還是複雜，只要用心學，都有可能在未來幫自己一把。或許這是成長最奧妙的地方，別人通常只會注意你燦爛的那一天，較少會關心你辛苦的每一天，但正是因為有那些辛苦的日子，所以才有後來舒服的日子。

現代人的注意力，集中又分散，每天有忙不完的事，有看不完的資訊，焦點卻無時無刻放在某個人大好或大壞的消息上，久而久之以為人生就該那樣，轉而看看自己的生活，開始覺得無趣。

然而，一個人表面的光鮮亮麗，背後通常是披荊斬棘，就算擁有穩定的生活，也是辛苦努力才撐住。畢竟天底下沒有輕鬆的得到，值得跟獲得，兩者之間並沒有捷徑。

不需羨慕別人的成功，因為自己不一定能承受同樣的代價；也不用看扁自己的努力，擁有安定的生活就很了不起。人一生，成功很好，平淡過生活也很好，不用做別人口中的大事，而是做好自己的事，不是要去過別人羨慕的生活，而是要過自己喜歡的生活。

所以，認真過好現在的日子，畢竟時間就是這麼調皮，它不會在你祈求時直接丟出答案，只會在你認真過活時留下驚喜。

簡單的事情做起來容易，
但要做得長久卻很難。

人生沒有白走的路，每一步都在推進度

艾語錄

有多少挑戰，就有多少可能，
機會的樣貌不一定是我們熟悉的樣子，
但它的出現都有同樣的前提。
就像努力過後會有不同的體會，
就像時間會默默堆積你的經驗。

別怕困難，而是要把它當成指南；
努力不容易，但努力不會虧待自己。

這世界沒有輕而易舉地擁有，
愈遠的路，愈要踩好腳下那一步；
此刻若處在黑暗的地方，
那就為自己燃起一盞光。

為了營造寫作時的氛圍，寫新書時我會花點巧思在環境中添加新的元素。之前試過使用新的馬克杯，或是在一旁擺著扭蛋公仔，或是聽新的輕音樂提升專注度。而在這本書的寫作期，我開始在書桌點起精油蠟燭。點了一陣子後，才發現照顧好精油蠟燭不容易，裡面藏有生活體會。

首先我覺得有趣的是，蠟燭會有記憶。

精油蠟燭通常是裝在透明杯裡，燭芯會處在杯子的中心點，因此燃燒時溫度是從中心開始一圈一圈往外擴散。若在熱度不夠的情況下，或像冬天較冷時，靠近杯子邊緣的蠟將難以熔化。久而久之，蠟燭就會像長期被雨水沖刷的泥土，在杯中出現環狀的低窪，此時如果不理會它，蠟燭就會開始產生所謂的記憶圈。

一開始我覺得蠟燭會有記憶實在太有趣，彷彿這個蠟燭有了自己的生命力，陪我一起走過新書的寫作過程。我因此就放任它燒下去，讓這份獨特的時間感變成此書專屬的印記。

不過隨著蠟燭燒久後，杯緣沒燒到的蠟愈積愈高，原本的低窪好似要變成山谷。除了不想浪費蠟燭，我發現火焰的形體也開始變小了，甚至只要附近氣流太大，火苗就會消失冒起白煙。

那陣子寫作已經習慣看到燭火跳舞的樣子，看到焰體太小整個氛圍就不對。上網查詢解決方法，有人分享嘗試塞新的燭芯進去，只是在那之前要先熔化蠟燭，比如說隔水加熱讓蠟燭平均受熱，等完全熔化後再插入新買的燭芯。但我是個怕麻煩的人，因此開始想其他方法。

我仔細觀察燭火，突然心想會不會是燭芯燒久了長度變太短，被精油淹沒過去而燒不起來。在好奇心驅使下，我試著用面紙把熔化後的蠟油吸一點起來。沒想到，蠟燭的火果然再度變大起來。

原來只要願意犧牲一點蠟燭，就可以重新帶來新的燃燒活力。

霎時我體會到，生活中有時也是要重新捨去自己原本擁有的東西，才有機會再看到重新發光的自己。

• • •

或許有人覺得這比喻太牽強，但我是真心那麼認為，因為當初離開科學園區雖然看似果斷的決定，心中卻是經過一番掙扎才決定。取捨之間思考了許多事，最難的還是跟現實有關。

曾經在網路上看到一則問題：月薪十萬但沒有很喜歡的工作，跟月薪五萬但很愛的工作，你會選哪一個？

這問題很快就吸引到許多意見，底下的留言有各種支持理由，但較多人還是傾向選十萬的工作。其中一個回覆寫著：雖然工作不喜歡，但多出來的五萬可以在下班後獲得更好的生活品質，當然選十萬的。

我在決定離開工作前心中的掙扎差不多就是這樣，研發工程師的薪水相較其他職業優渥，何況當時我還不知道離職後會從事什麼工作，收入是否還會一樣好。「之後的收入會不會連一半都不到？」「會不會連回來園區工作的機會都沒有？」我那時對這些未知的答案感到困惑。

可是我還是決定離開那份工作，雖然沒有到毫無退路般地壯士斷腕，但也確實有感覺不會再回到科技公司上班。我心想，既然知道自己不喜歡這種性質的工作，就不應該再把錢視作優先考量。「說不定，」提交離職單前我跟自己說：「以後可以找到收入同樣高但喜歡的工作。」

而這個目標沒想到在不到五年後就實現，至今無論在工作成就或收入上，更是超越自己當初的期望很多，也才會在看到燭火因為吸取蠟油後而重新燃燒時，心中有了一股感觸——捨去原本就擁有的東西，換來的發展往往是超乎原本預期。

在不同的場合中，有時我會被問到是否能提供一句勉勵人的話，其中這句我自己就很喜歡：要相信未來的自己，可以解決現在的難題。

一個人會被現況給困住，通常是因為當前沒有足夠的能力解決眼前的難題，看似不得已只能陷入二選一的難題：是要顧好現實還是要追求夢想？

「我當然想做喜歡的工作，但喜歡的工作收入不夠我生活。」「現在做的工作是很痛苦，但收入至少過得去。」「我也想追求夢想呀，但現實就擺在那邊。」很多人在面對改變時都曾被類似的問題困擾著。

然而，如果你已經煩惱很久，花了許多時間掂量該選哪一個，心中依舊沒有清晰的答案，我的建議是何不就選會讓你期待卻害怕的那一個。因為你應該相信未來的自己，相信成長後的你會具備更大的能力，足以解決你現在克服不了的難題。

此刻眼前的問題並非無法解決，只是你還不夠強大，有可能是做事能力，也可能是心智能力，這個問題有一天在你面前會變得渺小，只要你持續成長。

當然，轉換的過程中你很可能會遇到低潮，會想要回到原本熟悉的環境裡。我在離職後的前三年就相當掙扎，既想要堅持下去，又懷念過去職場的穩定，常常因此焦慮甚至生活提不起勁而陷入低潮。但事實上我也知道，不管是回去職場或繼續創業，選哪一個都還是會有焦慮跟低潮的時候。

我們都會遇到低潮，特別是你努力想把事情做好的時候，因為在乎而求好心切，卻也因此容易陷入困境。

人處在高峰時，就怕高估了自己的能力，不再低頭看清腳步；在低谷時，則是怕太在意別人的眼光，不敢抬頭面對困難。

其實，一個人處在低潮的時候，也是認識自己最好的時候。那些曾經圍繞在身邊的讚美，此時都只剩下自己的心跳聲。也唯有此刻，你才有餘力問自己到底想去哪裡，有時間傾聽自己的不安。

練習為自己打氣，而不是讓短暫的不安摧毀自己。你要敢相信未來的自己，就算此刻的路走起來顛簸，你也會因此愈變愈強。

人生沒有白費的努力，只有遲來的成果，好的時候就低頭用心享受，壞的時候更要抬頭努力走過。

這陣子經常什麼都不做，只想盯著燭火在杯中舞曳，任由精油的香氣走進周圍的空氣，這是一個舒適的狀態。很喜歡像這樣靜靜凝視日常生活的一隅，將自己沉浸到思緒的最底層，尋找力量對自己說：沒有浪費掉的付出，所有的犧牲都會用另一種方式回到身邊，放心期待未來成長後的自己，有天會從容解決現在的難題。

生活有時也要重新捨去原本擁有的，
才有機會再看到重新發光的自己。

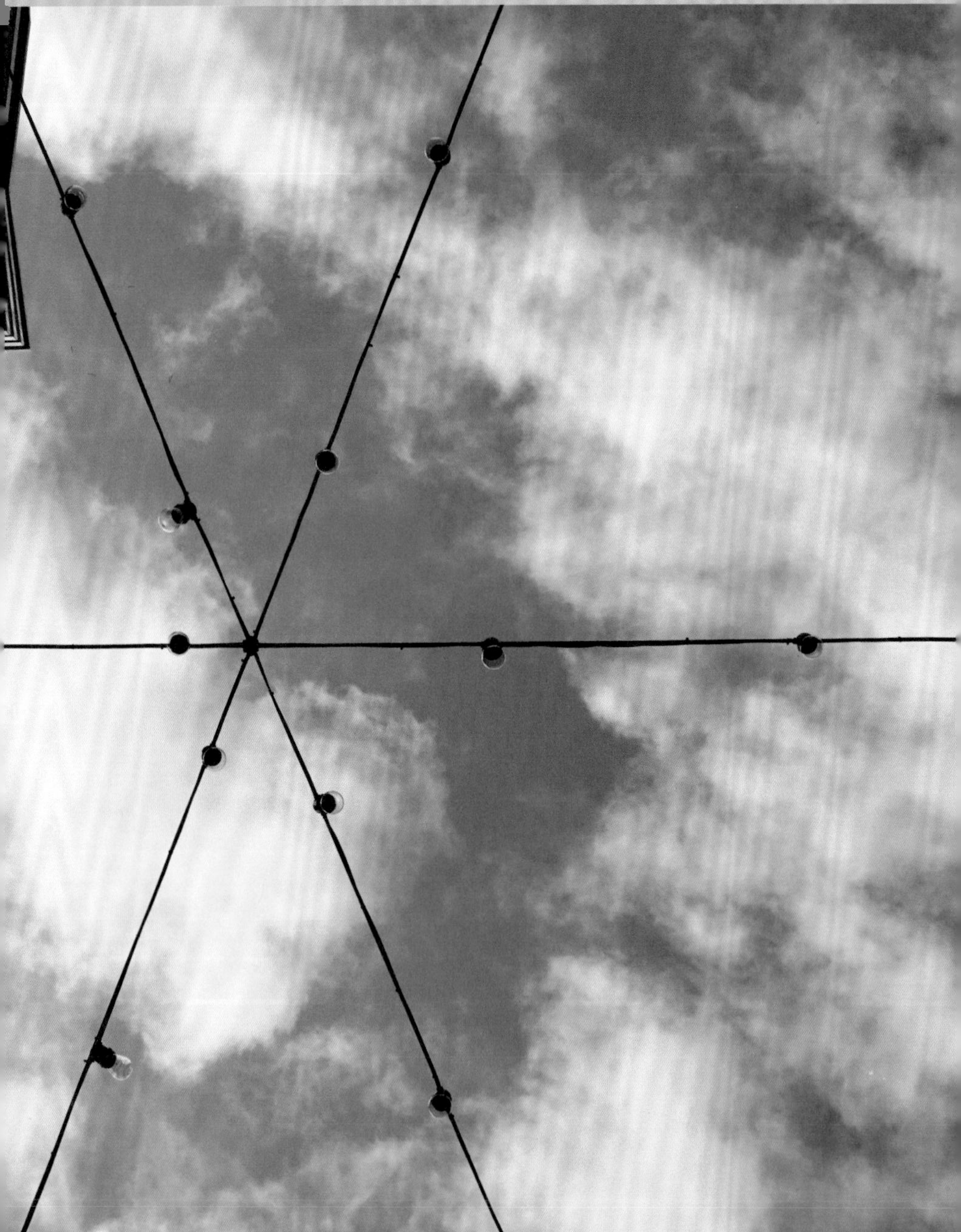

輯四 /

聚散之間

定好界線，
最重要的是自己

做人要有彈性，更要有底線。
你必須先對自己的人生負責，
接下來才可以為別人的人生負責。

別把針對你的人
放在心中，
卻把關心你的人擱在角落

艾語錄

我們活在一個窒息感厚重的時代。
有時你只是分享開心的日子，
卻被當成在炫耀生活；
有時只是表達意見，
卻被當成在惡意阻撓。
人與人的距離，眼睛看得見彼此，
心裡卻不見得有交集。

所以，好好珍惜那些跟著你笑、陪著你哭，
看你難過比你更難過的人，
他們當然也有自己的人生難關，
但他們願意先陪你走過這一關。

記得，要多關心隨時能為自己空出時間的人，
而不是一再花時間去煩惱討厭你的人。

人與人之間，很怕習慣。

當你習慣三餐都有人照料時，也就忽略有人捨不得你餓肚子的關心。當你習慣某人的噓寒問暖時，也就忽略對方不讓你孤單的貼心。當你習慣過穩定的日子時，生活出現微幅的波動都讓人焦慮。

我是到了離家去外地讀書後，才驚覺某些習慣在我身上強大的存在感。放假回家吃到媽媽煮的飯，即便味道跟記憶中比起來顯得清淡，依然是外食永遠無法取代的幸福。畢業後跟許久未見的同學聊天，即便話題大多圍繞在過去的時光，但也確認有些友誼是永遠不可能被取代。

好像都是這樣，我們原本默默習慣的事情，如今要有個對比才能感受到重量。就像喝習慣全糖的飲料後，改天喝少糖或微糖的飲料就會覺得不夠甜，當生活的趣味不斷被無關的事情攪亂後，人也就漸漸遺忘那些微小但實則幸福的事。新聞幾乎娛樂化，政治開始偶像化，電視、網路充滿著刺激的言論，每天的心情也隨之上下擺動，而那些單純卻重要的東西，無聲無息地被喧囂的世界給淹沒過去。

於是，我們稍不注意就忘了，那些最簡單的事，其實才是最重要的事。曾經捨不得分開的擁抱，握住就不想放下的手，那盤從小吃到大的家常菜，都容易因為現實的摻雜，被淡化到似乎不重要。唯獨當我們明白，生命正用著意想不到的速度接近尾聲時，才會發現周圍有多少平凡的事值得被珍惜。

很多時候，美好的事情會因為忙碌的日子而變得有些平凡。學生時，能吃到一次大餐就很開心，出了社會再多的大餐好像也填補不了空虛。年輕時，工作一有進展就會肯定自己，後來變成即使有重大突破也不值得高興。

那些不再輕易想起的美好過去，一陣子未見的家人，存在感都因為繁忙的生活在日子裡變得模糊，有多少感動也因此變成沒有感覺。然而，生命中總有些人會擔心你、會規勸你、會想罵你，就是不會想離開你。可是用心就知道，哪裡有誰真的離不開誰；沒有不會老去的父母，沒有不會淡去的感情。

所以，好好珍惜依舊陪在身邊的人。不要等到對方轉身了，才想到要靠過去，也不要等到對方冷漠了，才知道有些關心並非理所當然。我們是應該為想要的生活努力，但不能因此無視那些最需要在乎的人與事。努力往前走是需要的，但不代表就要拋下陪在一旁的人。**努力，不只是為了實現更好的自己，也是讓自己有能力守護那些平凡卻珍貴的事。**

相對來說，自己也不能當個不值得被珍惜的人。因為當你過於配合其他人時，有些人會開始理所當然習慣你的付出。

我之前上班時，辦公室有位很好相處的同事，我是研發部門，他是行政部門。一般來說我們的上下班時間應該不同，但我卻常在晚上十點多時還看到他忙進忙出。

「你事情有那麼多喔？」某次我在裝茶水時遇到他就隨口問。

「沒辦法，要等別人的工作完成，我才能跑之後的流程。」

那時他臉上掛著無奈，因為是不同職務我不方便多問。但我隱約感受到，他其實是被人占用了時間，否則其他行政工作的同事為何早就下班。

我想，他的個性就是好相處，只是有些人利用了他的個性。

稍加觀察我更注意到，他在公司裡是個過於熱心的人，常常別人來問個問題，就丟下手邊工作協助，然後一晃就是一、兩個小時過去，搞到自己加班也沒關係。表面上大家都很喜歡這樣的同事——當然，誰不喜歡。只是私底下也常聽到他說自己這樣很累——當然，誰這樣不累。

其實，做人要有彈性，更要有底線；是要互相幫忙，但不是要讓自己變得更忙。生活中做人要好相處那套，不應該完全套用到職場上。

在生活裡，跟人互動是為了交朋友，可是職場中的互動不僅是為了交朋友，更是為了完成工作、維持生計，為了擁有下班後休憩或陪家人的時間。職場中不排斥做朋友，但前提是工作做得完。

認真算，人一輩子會花在自己身上的時間並不長，如果說連自己的時間都不去爭取，去保護，去捍衛，很難說自己是在乎人生。

無論衡量的角度是健康還是留給自己的喘息空間，都不應該讓別人隨便占用自己的時間，該拒絕就要拒絕，該給期限就不能隨便。工作是為了生存，但時間卻是生命，我們不能為了生存而沒了生命，沒了自己。

•••

據說這世上發生的許多事，都曾在某個環節中受到隨機因素的影響，重來一遍結果或許會截然不同。這可不是毫無根據的謬言，而是出自柏克萊物理學博士，跟霍金合著過書的知名學者雷納．曼羅迪諾的看法。

雖然我頑固地不想相信這觀點，但從生活中已隱約感受到，我們並沒有太多能力決定事情的走向，甚至也無法決定一個人的去留。聽起來有點沮喪，那不就等於怎麼做都無濟於事嗎？絕非如此，反倒是我們更應該把握自己可以控制的事情，去珍惜周圍現有的人與事，在這隨機的世界裡，留住屬於自己的那些事。畢竟事件雖然可能隨機出現，但如何去面對還是由我們自己決定。

所以，**做個懂得珍惜的人，珍惜自己也珍惜對自己好的人，而不是在失去的時候，才知道該珍惜什麼，更別在得到的時候，卻忘了要珍惜什麼。**

我們都一樣，要先遇見錯的人才能分辨對的人，是在遭受到冷落後，才知道誰給自己溫暖。人生的長度往往比想像中短，所以務必在擁有的時候多珍惜，而不是在錯過以後，才又學到什麼是失去。

合得來的用心把握，合不來的放心錯過

艾語錄

很多時候我們把別人看得太重，
把自己又看得太輕，
所以才會事情發生時只為別人想，
被傷到了還怪罪自己做錯什麼。

好意，要用在也懂得那份好意的人身上，
留給不知道要珍惜的人，
也只是讓他們得寸進尺而已。

那是一個入秋晴朗的午後，溫度濕度剛剛好地涼爽，我坐在咖啡館閱讀，思緒跟著窗外的行人在周圍流動著。一窗之隔的陽光鮮明了街道，景色立體到彷彿伸手就能觸摸，此刻再多的煩躁似乎已被沒收，是個很適合什麼都不做的日子。

書正讀到一半，以為是情侶的他們在桌旁坐了下來。男生戴了一頂洋基隊的棒球帽，視網膜效應讓我的視線在隊徽上多停留半晌，我也有一頂，就放在家裡隨時可戴起出門的地方。是為了尋求共同點嗎？人很容易就關注到別人身上跟自己相似的印記。正想把注意力重新收回書裡時，兩人的對話直接將我再拉出來。

「我很想離職，可是又不想這樣就讓他得逞。」男生坐下來沒多久就開口，語氣裡飄出煩惱。

「幹麼要離職？你就去跟主管反映呀！又不是你的錯，明明就是他跟你說可以那樣做的，怎麼出事變成你的責任。」女生直截了當地回。

「可是，如果主管不是這樣想怎麼辦，而且之後鬧翻了，見面不是很尷尬。」

「那你現在見到他就很開心？你人會不會太好，好到工作都快沒了。」

「那妳說該怎麼辦？」

「我是你早就當場跟他吵起來了好不好，還等到現在，有些人就是欺善怕惡，你沒有當場跟他說，他就當沒這回事，搞不好以後更誇張。」

「妳還敢說，妳上次自己還不是就吞下去了。」

「那不一樣！我是不想跟那個人計較！」

「那我到底要不要跟他計較？」

是呀，當遇到有人不合理對待你時，到底要不要跟對方計較？計較了，事情是否變得更複雜？可是不計較，會不會又感到委屈？

這是個困擾人的問題，我們可以從兩個角度來想。第一個角度：為什麼生活中就是會遇到跟自己合不來的人？

人都喜歡跟志同道合的人相處，會特別珍惜那些跟自己興趣或個性相符的人，會特別留意別人身上跟自己相似的地方，畢竟要找到跟自己合得來的人實在不容易。換句話說，沒遇到合不來的人才意外，如果跟每個人都合得來，那代表你可能都在處處配合別人而已。

所以才會，要看電影時想到某個人，參加演唱會又是想到另一個人。去運動是找A一起，喝下午茶聊天換成找B。因為單單一個人無法滿足自己所有的興趣，我們就把興趣切割成很多種，像分送蛋糕一樣邀請不同的人共享。

曾在書上看過，基因的演化是不斷嘗試尋找適合生存的模式，但基因很單純，經常加入到不適合生存的環境。那麼，基因會因此勉強融入那樣的環境嗎？不會，基因會選擇「繼續前進」，試著突變或尋找新的環境，久了留存下來的基因就是適合生存的。

你看，這不就是我們人際關係該有的態度嗎？如果只是去適應環境，不斷要求自己去配合別人，那樣的關係頂多能說是人「和」關係，附和的和，需要依附他人才能維持住的關係。真正的人際關係，應該是交際來的，是互相的，不是理所當然某一方配合另一方。

我們都有討好人的天性，因為那是最快融入群體的方法，會把別人的要求，看得比自己的需求還重。但如果你是無止境地討好，或是沒有底線地滿足別人，你只是在強求一段關係，而強求來的往往不屬於自己，也很難長久。

人的一生會和許多人相遇，有些人會真心對你，有些人會故意針對你，我們無法決定每天是跟誰相處，但可以決定要用什麼心情看待。不用排擠誰，也不用特別迎合誰，而是專心做想要的自己。

人生只有一次，活給別人看實在太奢侈，寧可因為真實的自己而被討厭，也不要因為偽裝的自己而被喜歡。

···

不過，計較跟在乎有時是模糊的，特別是彼此的關係親密時。有時因為在乎對方沒做什麼而計較，有時又計較對方做了什麼而在乎，倘若彼此對事情都不再計較了，或許也表示心裡已經沒有對方。而這樣的計較，是因為對方在你心中占有重要的位置，是因為關心而衍生出來。

至於遇到刻意針對自己的人，你說什麼、做什麼，他們看在眼裡都會有問題，此時你對他們的不計較並非冷漠，不是不在乎，而是對情緒溫和地洗滌，去除心上根本不值得的煩躁。

剛出社會時，我曾經因為在乎自己的評價，聽到了不實的言論，或是不公平的攻擊，就會覺得要爭取到底才是對的，覺得不能被欺負，覺得自己的努力不該被糟蹋，因此很容易想跟人較勁，感覺那是一種證明自己存在的方法。不過隨著遇見的人變多之後，才發現有些人你愈是跟他計較，他愈是起勁。

其實，人生要修的課題還真不少，有些是必修，就算課上起來有些無奈，有些則是選修，雖然測驗結果會有點無情。隨著時間經過，倒是漸漸知道自己擅長處理的課題是什麼，至於那些不擅長的，終於學會直接跳過。

也許是學會不在意，也許是遇到太多的現實，如今看來，對某些人、某些事不再計較，看似少了對生活的熱情，其實是知道並非每件事都值得投入全部的感情。或許這就是成長的一部分，某天突然發現曾經會擔心的事，好像也沒那麼需要在乎了。

生命即是如此，很多事情並非真的不在乎，而是變得更在乎，所以才學會在乎不只是種情緒，更是種選擇。知道在乎是一件很耗心力的事，所以才要將它視為珍貴的庫存，選擇用在值得的地方。反之，若把在乎留給不在乎你的人，就只是讓情緒不斷被染上討厭的顏色。

別再理會那些討厭的人，儘管他們說的話有多難聽，你不去計較不表示他們就是對的，而是把時間用在願意懂你的人身上，把真心用在會珍惜你的人身上。那些人的否定、討厭、看不起，都不過是停在心上的短暫情緒，該擔心的反而是你毫無抵抗地被別人的想法鑄住，從此不再取下討好別人的面具。

遇到討厭的人、煩躁的事，不計較並非不在乎，而是寧可把在乎的力氣留給自己往前走，也不要消耗在那些烏煙瘴氣裡。

● ● ●

所以，該不該跟討厭的人計較？綜合之前的想法，我的答案是不用計較，但並非不用跟對方計較，而是不要跟自己計較。

想想，當你在跟某人計較時，結果會是什麼？你可能跟他吵了一架，搞得一整天心情不好，回家還忍不住跟家人抱怨這件事。說不定家人也有一整天的氣需要宣洩，沒想到被你搶先開口，當天彼此直到睡覺都沒有心情再聊天。你被一個不值得的人引出負面情緒，再感染到自己的生活。你說，值得嗎？

或者，你也可能不知道該不該跟對方爭論，在心裡持續悶著負面情緒，一直為這件事煩惱，毀了自己的一天。

可是難道，我們就要無視事情的影響？這就是我要提的第二個角度，不跟自己計較這件事，並不是看輕這件事的嚴重性。

如果對方只是你生命中的過客，大可不必理會，何必把自己寶貴的時間花在跟對方周旋。但如果短期內對方是暫時會見到面的對象，好比工作中一定要跟他有所交集，為了不影響自己的工作成果，勢必還是要有所行動。不過順序要對，你需要先處理好自己的心情後才行動。可以去跟主管反映，或是跟對方理論這件事，但記得不要帶著負面情緒去做這件事。該反映的反映完了，該說明的說明之後，就趕緊去做好自己的事。

為什麼特別強調不要帶著情緒去反映這件事？因為你是要讓主管知道這件事，而不是幫主管處理這件事，更不是幫主管決定這件事。很多人去找主管反映事情時，是先入為主抱著「主管會站在我這邊」的想法去的，不然也不會去找主管。但你畢竟不是主管，主管看待底下部屬的紛爭，角度一定跟你不同。主管的責任是協調底下人力資源最大化，而不是分出對錯而已。

當然，你還是有可能遇到不公不義的主管，這時你就知道當前環境並不是適合你的環境了。你應該像基因一樣選擇繼續前進，把自己的工作做好，累積自己的實力，有一天遠離那個環境。

簡單來說，你要理性地看待事情，然後彈性地調整心情。不拿自己無法控制的事情來懲罰自己，也不要帶著負面想法處理事情。你可以有情緒，但不是要對自己發脾氣，也不是要跟事情賭氣。要知道，**你的努力不是為了讓討厭你的人對你改觀，而是有一天讓他們跟你再也無關**。

人生有一種傻事，就是你把自己的心情籌碼，揮霍在只想敷衍你的人身上。畢竟你即使贏了，對方在私底下還是會抱怨你是個麻煩；你輸了，又會質疑自己那麼努力是在為什麼。

職場是一條逆流的河，它自然會淘汰掉無心工作的人，任何時候你停下來跟那些人爭執，都只是跟著對方漂流到後面而已。你是可以生氣，但別對不值得的人生氣，應該認真，但別都用來應付別人的敷衍。

人生漫長，遇到合得來的人就用心把握，若是合不來就放心錯過。無論職場或生活，你的時間都是寶貴的生命，別去跟沒責任心的人計較，別跟只想敷衍你的人認真。

把時間用在願意懂你的人身上，
把真心用在會珍惜你的人身上。

你總是在揣測別人，其實一直在失去自己

艾語錄

偶爾，我們會因為想迎合別人的期待，
而強迫自己去過不開心的生活。
然而不情願的事做多了，
都會變成過重的負擔。

多為自己想，好好對待自己，
猜不透的事情，就別猜了，
不要一心想滿足別人的期待，
卻一再用等待，犧牲掉自己的人生。

適時揣測別人的想法，有時會被視為善解人意，是一種貼心的行為。

我想，沒有人會排斥自己在意的人更了解自己，都會希望在沒開口的情況下，對方就知道自己想要的是什麼。

感情上，多數人會期待另一半帶來驚喜，那是一種全世界只需要你懂我的甜蜜。職場上，主管樂於帶到會舉一反三的員工，在不用交辦的情況下完成應有的工作。

只不過，人與人的交流並非無線網路，依序輸入密碼就可以開始連線，實際的言語溝通才是最重要的橋梁。願意把內心想法如實表達出來，雙方的心才是真正連上線，彼此之間才能因為理解而接納對方的不同。

有時候，一味地希望別人猜中自己的想法，無形中給了對方更大的壓力。「真希望你能懂我在想什麼。」一句看似明白表態的話，也等於不給別人猜錯的機會，像是敞開雙手迎接對方，卻要別人小心翼翼地從鋼索上走過來。

一段關係能從陌生走向熟悉，正是因為錯想對方要的是什麼，才有機會進一步修正，然後更了解對方。總是要嘗試過幾次，才知道對方的半糖跟自己的半糖是不同的甜。總是要爭執過幾次，才知道對方說的「沒關係」跟真正的

「沒關係」存在多少距離。總是要合作過幾次，才能找到對方追求的工作標準，與自己重視的工作品質，在何處交集。

人與人的關係不應該像是玩疊疊樂，抽錯愈多次愈容易倒塌；應該像是拼圖，拼錯了換一片重試就好，圖像也在拼錯與拼對之間愈來愈完整。

●●●

會想揣測另一個人的心，往往代表自己多少重視對方的想法，是個願意珍惜關係的人。只不過，你也不該陷入猜測的迴圈裡太久，因為當你不斷揣測別人在想什麼，也代表花太少時間在自己的想法上，接著凡事都以別人的角度出發，處處以他人為中心，配合別人過著不屬於自己的人生。久了之後，別人說什麼都會在心中忐忑地咀嚼，試圖品嘗那根本不存在的滋味，直到累了塌了不知再怎麼下去。

換個角度想，如果一段關係因為你不再主動，不再拿捏對方的想法而失去熱絡，反倒應該鬆一口氣。情感的濃淡疏密常在當下很難察覺，卻可以在退一步後看得清清楚楚。你不需要因此覺得認清一個人，但至少你有更多機會認識那段關係。

猜不透的事，就別猜了。據說人每天會有上萬個不同的思緒，能夠猜中一個已經了不得，要長期依賴「心電感應」去維繫一段關係，簡直不可能，也不需要有可能。

遇到不清楚對方在想什麼的時候，一再揣測也只會讓人往更壞的方向去想，而且愈是重視那個人、那件事，或是那份工作，猜疑的過程也愈容易產生否定自我的想法。「他是討厭我嗎？」「他還在為上次那件事生氣嗎？」「主管是不是在暗示我趕快離職？」「我是不是哪裡做不好？」這些聲音會在心中旋繞漸漸形成風暴，形成圍牆困住了自己，也阻止自己朝更好的關係邁進。

不論是何種感情，我們應該追求能讓雙方共同成長的關係，而非單方面遷就另一個人的期待。

猜不透時應該練習開口問，不要恐懼被對方拒絕，也不要擔心被說不體貼。直接問，不加入情緒的色彩，如同遞出白紙般邀請對方一起彩繪。事實上，正是因為你想讓雙方關係變更好，所以才鼓起勇氣先跨出那一步，只要抱著善意，對雙方的關係都是正面的幫助。

所謂的默契，其實也是經歷了無數次的溝通與理解磨合出來。最終才發現，能夠彼此互相理解，靠的不是揣測，而是用心閱讀另一方的情緒，註記對方的想法，傾聽對方的聲音，把對方在乎的事情收好放在心裡，不讓誤解的想法消弭彼此的關係。

於是，你慢慢懂我，我也漸漸懂你，彼此的陪伴成了最美好的事情。

能夠彼此互相理解，
靠的不是揣測，
而是用心閱讀另一方的情緒。

寧可做好自己，
也不要小心翼翼地為別人活

艾語錄

雖然，這世界有太多時候不允許我們做自己，
面具隨時要戴上，心情不時要隱藏，
但人生走愈久愈發現，
除了依靠知心的朋友、在乎的家人，
生命的重量還是要由自己去承擔。

練習做自己，並不是要你跟外界隔離，
而是學習在心中清出一個空間，
把自己好好地放進去，
活出你也會更喜歡的那個自己。

「我希望做自己想做的事，但如果最大的阻力來自家人，我還應該堅持『做自己』嗎？」某場應邀出席的演講中，一位聽眾提問。

「做自己」一詞在近幾年經常被提起，不時在報章媒體上看到以此作主題的討論，我自己對這類題材也有不少共鳴。能夠引起討論，即表示有人贊同也有人困惑，有些困惑者是從自私的角度來解讀「做自己」，甚至批判，認為做自己不過是個推諉責任的藉口。如果每個人都任意做自己，誰來負責做那些沒人想做的事，誰來犧牲？

我的想法是，只要不刻意傷害人，每個人都應該學習做自己。這跟負不負責沒有關係，就算有關係，也是對自己真正的負責。

看待人與人之間的關係，我自己有個責任圈的概念，是某次讀心理學家羅賓・鄧巴的社交理論時獲得的啟發。責任圈是個同心圓，只有中心是一點，其他往外一圈再一圈就是我們的人際關係。要說明責任圈的概念需要從這裡開始：我認為世界上只有兩個人，一個是自己，一個是別人。

自己，顧名思義就是你自己，完全的自己。而別人，是你以外的人，伴侶、小孩、父母都是以外的人，其他沒有血親關係的人當然也是。「別人」可以有很多，但「自己」永遠只有一個。

強調一下，所謂以外的人，跟中文習慣用來區分敵我的「外人」不同；以外，是除了自己以外。責任圈是個同心圓，既然是同心圓當然只有一個中心點，那個點就是我們自己。由點向外擴散是一圈又一圈的圓，是你一層又一層的人際關係，愈靠近中心的圓圈跟你的關係愈密切，也可以說愈糾結。

每一層的關係並不是永遠固定，會隨著人生階段而不同。比如小時候最靠近自己的第一圈是父母。結婚後有些人的第一圈變成是伴侶，父母退居第二圈。第一圈也有可能在後來被小孩取代。在整個人生當中，他們既圍繞著你，你也被他們包圍著，端看你從什麼角度來衡量。

這世界只有兩個人，自己以及別人。因為你是自己人生唯一的中心點，所以你必須先對自己的人生負責，接下來才可以為別人的人生負責。無論你是有義務負責，還是有能力負責。

H是一家外商公司的中階主管，花了幾年的時間慢慢爬到現在的位置，與妻子結伴十多年，育有兩個小孩。大學時他們經由社團朋友牽線相識，漸漸發展成穩定關係。H畢業後服完兵役進入職場，從第一家公司跳槽到現在的公司，一待就快十年。

雖然目前的薪水相對其他同業人員高，但外商公司的企業文化沒給太多保障，這股不確定的感覺始終纏繞在他的周圍。他們夫妻曾經討論好多次換工作的想法，礙於現實而遲遲沒有共識。

表面上，無法達成共識的癥結點在於該不該換工作，但其中有另一個問題被壓埋在表面下。H心中有個期盼，希望離職後先嘗試靠興趣為生。他喜歡攝影，也會運用閒暇鑽研攝影技術，大學時兩人就是在攝影社結識。他想，說不定接案順利，也算是有一份收入，至少不用再擔心找不到工作。

這念頭平時沒給H帶來多大的困擾，但逃離現職的思緒就像永不停歇的潮汐，看似平靜，卻一波又一波地拍打著他。大部分時間，他都把離職的想法隱藏得很好，偶爾情緒低潮時才會提出來跟太太討論。

H的不快樂其實妻子都看在眼裡，她也並非希望他向現實低頭，只是不希望冒這麼大的風險。她知道他熱愛攝影，所以支持他去參加攝影活動，把閒錢花在購買器材，或是跟同好交流。但對目前的家境而言，她認為攝影應該就只能是興趣而已，只要想到辭職後會有一陣子沒收入的空窗期，心中更是湧現極大的不安全感，何況是花一整年在家創業。

從內容來看，H與妻子的溝通沒太大問題，他們彼此在該不該離職上是有紛爭，但還不到無法妥協。只是紛爭，從來不會因為妥協而消失，它們就像落在櫃子後面的灰塵，看不見，卻一直在沉積。

那一晚，他們就吵得特別兇。

「我早就對這份工作沒有動力了！你知不知道這幾年我都是硬撐過來，再這樣下去……我覺得自己會生病。」他說。

「你以為我沒有犧牲嗎？我沒有自己想做的事嗎？」她說。

「我知道你也有想做的事，知道你為這個家付出多少辛勞。所以我在家工作的話，不就也有更多時間可以陪小孩嗎？」

「那是理想狀態。如果後來沒有成功呢？如果成果不上不下你會放棄嗎？如果一年後出去找不到工作呢？你有想過這些後果嗎！」

之後的故事就跟許多人面臨困境時大同小異，有很多的如果，也有很多的難題。

站在H的立場來說，難道他應該犧牲自己的夢想，繼續提供家人安全感嗎？那他自己對人生的不安定感呢？站在妻子的立場來看，她應該忍受收入不穩定的焦慮，被迫支持老公嗎？那她對自己未來的期待呢？她該壓抑想保護孩子的母性嗎？

這是一個膠著的問題，我沒有答案。但我想從自我負責的角度來看待這個問題。

•••

設想一個情況：一對父母帶小孩到遊樂園，經過一輛冰淇淋餐車，小孩吵著要吃冰淇淋，父母一看價目表：「一球五十元，三球九十九元。」索性就買了三球給小孩。小孩非常興奮，冰淇淋剛到手還沒拿穩就開始咬，才吃沒幾口，「咚！」的一聲，冰淇淋掉落在地上變成泥狀攤軟在腳邊，小孩手上只剩下空的甜筒而已。

你在一旁目睹了整個經過，你認為誰對誰錯？是父母不應該買三球冰淇淋給小孩，還是小孩應該小心點吃冰淇淋？

我認為，都有錯。父母應該知道小孩手不夠穩，不該只顧著價錢划算就買了三球，把拿好冰淇淋的責任交給小孩。而小孩，不能因為看到三球冰淇淋太開心，就不管自己拿不拿得穩，只想著可以吃到冰淇淋。

當然，小孩還小，並不知道自己能控制的範圍在哪裡，小孩需要學習才知道自己能夠承擔的責任有多少。然而，很多大人也不知道，自己在生活中能承擔的責任範圍在哪裡，無形中接受太多別人給的責任，卻從沒想過那些責任自己是否能夠承擔，或是願意承擔。

反過來說，我們也會在不確定對方能否負擔的情況下，就要求對方把責任承擔下來。也許是以家庭為名，也許是以孝順為名，也許是以關愛為名，也許是以社會上男女該扮演的角色為名。

這就是人際責任圈中重要的部分。我們無法控制別人怎麼看自己，因此我們必須了解自己能夠承擔多少責任，以及應該承擔哪些責任，不論是你給自己的，或是別人給你的。**我們要嘗試在情緒上做個獨立的人，因為處在世上每個人都有自己的課題，唯有獨立才可能分離，有了分離才會對自己負責。**

好比伴侶關係，兩人之間會因為覺得自己為一個家付出得更多，而默認對方應該要多體諒自己的犧牲。但其實兩人都應該要認知到自己該承擔的角色，在心態上獨立去面對自己的課題，毫無保留地承擔那份責任，才不會在情緒上糾結，也會更感謝另一半的付出。

朋友之間也是，有時候因為相處久了，對方若是做出跟預期不一樣的行為，自己因此害怕分離而排斥或反對，想把對方拉回自己熟悉的舒適圈裡，僵持起來反而傷害彼此。若是能獨立處理自己的課題，就會發現彼此的生命是可以因為在一起而有深度，也可以因為放手而有了廣度。

又或者是親子關係，父母要尊重小孩有獨自做決定的權利，給予空間讓孩子自己發掘想要的是什麼，又有哪些責任要承擔。小孩也要尊重父母有無法割捨想關心孩子的天性，站在父母的角度理解他們為何總是替自己操心。雖然每個家庭都有各自管教的習慣，旁人沒權力干涉，但各自獨立的課題同樣適用。

關鍵在於，接受關係了就要為此負責，因為那是自己的選擇，是你的人生。無論你身邊圍繞多少該在乎的人，他們對你有多少期待，你又對他們有多少期待，你的人生，你的快樂或痛苦，你的今天或明天，完完全全是自己的，沒有人可以、應該代替你來負責。

一旦我們理解，無論如何自己都是處在責任圈唯一的中心點，你看待別人和自己的責任才不會有模糊的空間。你想要的是什麼？你能承擔的責任有哪些？別人期待你承擔的責任又是什麼？你應該承擔嗎？你有理由不承擔嗎？

在這反反覆覆自我問答之間，為的是釐清自己的責任，分辨自己的選擇，為的是當你承擔責任時，將不再用負面的角度來看待犧牲這件事。否則，你今天無奈扛下一個責任，也只是埋下情緒的未爆彈，直到某天踩到而粉身碎骨。

這就是每個人都應該「做自己」的原因。那是為了真正地認識自己，而不是為了逃避責任，是確保自己一旦承擔，就應該要對自己選擇的人生負責，也對需要你照顧的人負責。

前提是，你要先把自己照顧好，才有能力去照顧其他人。

如同劇作家與詩人歌德寫的這句：「我愛你，與你無關。」我們都應該在每一段關係中做個完整的自己，有獨立的能力看待彼此的關係，明白自己給予對方的好，是一種心甘情願；明白對方給予自己的好，並不是需要償還的債務，讓彼此都能自在地關心彼此。

你必須先對自己的人生負責，
接下來才可以為別人的人生負責。

別一味地付出，
成就了別人，卻懲罰了自己

艾語錄

不要把自己的情緒，
建構在別人的想法裡，
因為你永遠不會知道，
自己在討厭的人眼裡有多少種版本，
所以才應該用自己喜歡的樣子去活。

記得，人的時間有限，
浪費時間去跟討厭的人解釋自己，
絕對是人生中最浪費的事。

馨對做菜有興趣，每次我們在國外的生鮮超市都會專門到香料區巡遊，大部分時候她都鎖定一種名為「卡疆」的香料粉。它不是像香草或胡椒的單一原料，而是由紅椒、洋蔥、大蒜等各種不同粉料混搭起來，成為一種多層次味道的香料。

卡疆粉說不上難買，但我們平時去的幾個超市皆無販售，國外價格又相對划算，因此趁著旅途中收集世界各地的卡疆粉，成為我們出遊的樂趣之一。

某次在國外超市，依慣例要在顏色相似的眾多香料罐中尋覓卡疆粉的蹤影，看著架上一整區的香料我頓時不禁好奇，世上到底有多少種香料？香料的歷史相當久遠，但以前應該沒有那麼多種香料才是。

據說，中世紀時期有些香料的製作技術如同鍊金術般令人嚮往，稀有香料的價值如同黃金般貴重，並非所有人都吃得起。當時每把香料背後的故事，不只是如何取得原料與調配，還充滿著航線探索、貿易競爭、身分高低，以及戰爭與領土的掠奪。我甚至懷疑，距今幾十年前人們吃的香料也沒現在多種。

只是從古至今，香料為何那麼受歡迎？除了增添香氣，我想就是它具有的多樣性，可讓食物的味道千變萬化，可滿足不同人在味覺上的挑剔。這跟人的個性有些相似，世界上存在各式各樣的人，你無法滿足所有的人，因為人是多樣的。

畢竟，有時候我們連自己喜歡什麼也搞不懂。

●●●

說到多樣性，專精食品研發的霍華德．莫斯科威茨很清楚。畢業於哈佛大學的莫斯科威茨是個相對低調的人，你在網路上找不到太多他的資訊，出版的著作不算熱門，而且內容還是為宣傳自己公司業務而寫。

可是這樣一個低調的人，做的事卻影響全球食品產業。

莫斯科威茨對於人的味覺有兩個觀點：一、無論吃的或喝的，沒有一種食品配方可以滿足所有人，甚至連「多數人」都無法滿足。他早年為可樂公司調整配方時，發現有一群人喜歡再甜一點，有一群人卻希望降低甜度，他因此推論根本沒有所謂完美的可樂。人是多樣性的，味覺也是多樣性的。

第二，人的感覺是個範圍值，而不是一個點。他後來為另一家碳酸飲料公司開發新產品，他發現人對口味的喜好比較像是梯形分布，隨著甜度增加感受度會上升，但並沒有明顯的最高值，而是有一個持平的區間，在區間內人對口味的感受度是差不多的，加多一點糖或少一點糖，人們根本無法明顯區分。最後公司因此選擇調降糖的比例，更符合健康的概念，還可以降低成本。

從這兩點來看，人是多樣性的，每個人要的都有些不同。但人也可能是善變的，要多、要少自己也不見得清楚。除非你一直配合改變，否則根本滿足不了所有人。

莫斯科威茨還有個經歷很有趣。八〇年代販售的義大利麵番茄醬跟現今市售的番茄醬不同，那時追求的是傳統的作法，感覺較稀但更天然。當時某家專門製作醬料的公司就聯絡上他，想找出一種新的義大利麵番茄醬來突破市場。這一找，找出了人們從沒想過的口感。

經過好多次研發跟試吃調查，莫斯科威茨發現有個特殊的測試組，那一組的人特別喜歡吃濃稠的番茄醬，但這種醬在市場上完全沒出現過，他趕緊建議公司開發濃稠的醬。起初公司很懷疑，因為根本沒人反映過想吃這樣的番茄醬，超市也沒出現過這種產品，擔心推出新產品後會成為市場笑話。

結果新的濃稠番茄醬一問世就爆紅，成功虜獲一群人的味覺，連帶其他品牌也必須陸續跟進不可。要不是當初莫斯科威茨在測試活動中「提醒」人們還有這種義大利麵醬可以吃，或許不會有人知道自己喜歡吃濃稠的番茄醬。

所以，如果我們連自己喜歡什麼都可能不知道，要猜測自己以外的人在想什麼可見有多困難。

‧‧‧

從小到大，人會接觸許多不同的事物，造就出人有千百種的多樣性。也因此，太在乎別人的想法，不只要花很多心力去補捉別人的心思，更是一種失去自我的過程。

其實，**同一句話，可以有很多種解讀，同一件事，也可以有很多種做法，人與人之間存在太多的不同**。你的努力，在別人看來可能是威脅，一個人的好意，在另一個人的眼裡也可能變成故意。我們永遠不會知道對方是用什麼角度來評斷自己。

因此，當別人不認同你時，不用急著去解釋，畢竟你的動怒只是給他更多動力而已。難聽的話其實就像壞掉的食物，如果你不會把不新鮮的菜吞進肚裡，又何必把不真實的話聽進心裡。

不是要你刻意包容別人的惡意，但也不要一直縱容別人消耗自己。他說他的，你過你的，遠離壞事最好的方法，是轉身背對它繼續前進。面對討厭你的人最好的方式，不是去苦惱對方為何討厭你，而是用更好的自己開心活著。畢竟人是多樣性的，別人不一定了解你，你也會需要摸索很多次才會了解自己，最終了解到原來別人對你的不了解，跟你自己好不好沒有關係。

在購買香料罐的時候，我跟馨挑選的過程都很像，每次走到一整區的香料罐前，會拿起一個又一個新奇的香料罐研究，因為認識的食材英文標示沒那麼多，反而更好奇裡面的粉末嘗起來是什麼味道。但儘管逗留在香料區的時間很久，最終帶走的還是主要幾個吃過的香料。

因為無法每個香料都買回去，所以選擇原本就愛吃的味道。人生也是，因為無法每個人都滿足，所以索性做個原本就喜歡的自己。

遠離壞事最好的方法，是轉身背對它繼續前進。

耐得住寂寞，
才不會讓別人傷害自己

艾語錄

與自己獨處沒什麼不好，
戴上耳機，讀本好書，喝杯熱飲，
或只是看著街道放空，
都是在跟自己好好交流。
畢竟，高優質的內心對話，
勝過與別人低品質的嘰嘰喳喳。

記得，不能因為寂寞，就隨便依附一個人，
也不能因為迷茫，就把生活交給其他人決定。

安全感是自己給的，
心若不平靜，其實去到哪都覺得吵雜。
寧可開心一個人獨處，
也不要在一群人裡假裝快樂。

我曾想過，如果世上有一種偵測工具，能隨時隨地顯現人真正的價值，那該有多好？這樣每個人就不用揣測別人對自己的看法，能夠清楚知道自己的價值在哪。

不過這想法早已破滅。在看完某一集科幻劇《黑鏡》時，我意識到若有這種工具存在，只會讓人更否定自己而已。

該集的劇情是這樣：在科技更發達的未來，人們都有個即時的社交信用評等，手機上隨時能查看自己跟對方的分數，而分數是由自己以外的人給評。你給餐廳服務員一個分數，對方也回覆你一個分數；同事覺得你很幽默加你一分，你再得體地回敬一分。你的好友名單裡受歡迎的人愈多，其他人對你的評等也愈高。所有人與人之間難以界定的存在，都變得如此公開透明，我們再也不用懷疑自己的價值。

只是，人們也開始害怕失去自己的價值。

可以預期，主角就掉入要「衝高」自己分數的迷思。生活中她無時無刻都把笑容掛在嘴上，擔心被報復而不敢對其他人有負面的回饋，每天都完美裝扮自己的內心跟外在，出門前必定先整理好表情。她在生活中唯一的目的，就是努力討好其他人。

那集的劇情看得我背脊發涼，內容有太多地方跟現實吻合。

• • •

我們都不希望在意別人的眼光，但為何如此難做到？

據說，是因為人從小就在這樣的環境長大，心智在不知不覺中被人撒播介意別人眼光的種子。「你好可愛」「功課好棒」「體育成績很好」「你身材真棒」「收入好高」「你太安靜了」「你是不是胖了」「你要學習打扮」「那個人穿得好好看喔」「誰誰誰買了最新的東西」「以後你一定是個聰明的小孩」「你怎麼那麼笨」「你這樣是在丟我的臉」。

有感受到嗎？這些從小聽到大的評語，一個個都在引導人認同某個「結果」，久而久之，我們也習慣用這些結果衡量自己的存在。甚至，我們會開始追逐能達到這些結果的手段，用盡一切，即使後來遍體鱗傷。

換個方式想，當你準備要出門參加一場重要活動，卻臨時找不到鏡子檢查身上的衣著，心中是否會開始不安？會不會想找人幫你確認自己的打扮？不難想像，當我們沒有正確認識自己的樣子，心中也會缺少安全感，會把別人口中對自己的看法當成了鏡子，把別人口中的你，看成是真正的自己。

漸漸地，我們接住更多別人隨便丟過來的評價，也就愈來愈無力回絕，那些未經允許就往自己身上貼的標籤。

● ● ●

每個人身上或多或少都有標籤，有的標籤是他人貼上的，有些則是我們自己收集來的，因為這是人生必經的過程。

心理學家艾瑞克森以自我認同理論聞名，他提過人生會有不同的發展階段，每一階段會從「最初的自我」開始尋找認同，再像漣漪般往外擴散，從而影響下一個階段的自己。

其中，人在青春期階段會到處收集別人對自己的看法，從中尋找自我認同的地方。在這階段人會特別在乎兩件事：別人怎麼看我？以及自己到底是誰？為了解答心中疑惑，我們會轉而向外尋求答案。

如果此階段周圍有人因為「好看」而受歡迎，就有可能把「需要好看」的標籤拿來貼在身上。如果有人因為「聰明」而受到老師或父母關愛，就有可能把「不懂別提問」的標籤拿來貼上。每個人主動往自己身上貼的標籤不同，但我們都會努力收集能得到認同的標籤。

只是，我們也會因此更在意別人的評價，更要求自己表現完美，更擔心自己被人討厭，更害怕得不到認同。還有，更害怕寂寞。害怕被人說是異類，害怕如果沒有滿足師長的要求而被冷落。

我想說的是，雖然很多標籤在不知不覺中變成對自己有害，但無論是不是自願的，我們當初會貼上它的心情，也只是一個想要尋求別人肯定的小孩而已。不用覺得自己很差，更不該自我責備，因為那時並沒有人指引我們，同儕也都在急著想認識自己，迷惘地在人群中尋找自己的身影。

就算此刻身上存有這些標籤也沒關係，那不是你的錯，我們只是要練習把它們一個一個撕下來。

如同收納時的情況，當物品塞滿空間時，我們要先一一把它們擺出來，再看有哪些不需要，哪些可以留下。撕掉身上的標籤也是，要先察覺自己身上有什麼標籤，才能知道哪些標籤應該丟掉。

● ● ●

撕掉標籤的第一步，是學會在內心平靜的情況下，赤裸裸地認識自己。可以運用的方法很多，看書，聽音樂，或是選擇一個舒服的位置放空都可以，只要自己喜歡就行。不過這些都有個共同點——你必須不怕獨處。

我也是後來才慢慢體會到，學會獨處是看重自己的方法，懂得處理寂寞是讓自己更完整的方式。當你能夠獨處，才會有能力婉拒討厭的邀約；耐得住寂寞，才不會被不該在乎的人事物消耗掉心情，能專心處理自己身上的標籤。

何況，獨處跟寂寞是不同的。

要知道，一個人寂不寂寞，跟他是否一個人沒有關聯，獨處跟寂寞是完全不同的事。如果獨處是造成寂寞的原因，是否只要去到人多的地方就不會寂寞？但很多時候處在人群裡反而更寂寞。

其實，人一生大部分的時間都是在獨處，工作時，看手機時，睡覺時，閱讀時，聽音樂時。一個人，不代表就是所謂的「寂寞」，反而是沉澱自己的寶貴時間，跟自己說說話，坦誠面對自己，聽聽心裡最真切的聲音，同時把一整天的壞情緒隔離開來。

不怕寂寞，並非不需要朋友或伴侶，而是在乎對自己好的人，所以懂得在對方沒時間時不去亂想。學習獨處，因為那代表你喜歡自己，不用因為想被愛而愛，不用被迫去迎合誰，只把最重要的事情裝進心裡。

那集的《黑鏡》用了戲劇化的方式結尾，主角後來遇到一連串倒楣事，一時情緒爆發跟人吵了起來，對方給的負評引起眾人連鎖反應，她的分數開始狂掉，導致她情緒崩潰大鬧朋友的婚禮，最後被關進了牢房。

主角眼看失去過往努力經營的「人品」後，她反而在牢房跟另一個被關的人鬥口。兩人在不會被扣分的壓力下，互相批評、數落對方，暢快地說出心中最真實的想法，影片結尾就在主角第一次露出自然的笑容中結束。

或許真是這樣，人總是要在失去很多的時候，才能接受自己身上的缺點，也才能看見自己身上的優點。

現實中人是群體生活，我們無法避免要去在乎別人的想法，但永遠不該漠視自己的看法。我們都是一個人來到這世界，也是一個人離開，中間遇到的人事物，應該是要讓我們更接近喜歡的自己。

不用害怕寂寞，因為耐得住寂寞，才不會讓別人傷害自己。獨處，其實是一個人的享受；擁有一個人的時光，是為了拼湊出完整的自己。

學會獨處是看重自己的方法，
懂得處理寂寞是讓自己更完整的方式。

當個好人，
但不要當個好欺負的人

艾語錄

生命不長，而且很貴，
花在討厭的人身上完全沒必要。

畢竟人生是拿來計畫的，不是拿來計較的；
生命要用在追求進步，不要用在被人耽誤。

記得，道理很簡單，人心才複雜，
所以把你的簡單留給在乎你的人，
至於複雜，就讓那些人自己去複雜。

聽過不少人說，遇到紛爭不要過度反應，多一事不如少一事，忍一忍事情就過去了，這道理大致上沒錯。

可有時候，就是會遇到專門挑對象欺負的人。你說話比較大聲，他就不吭聲，你一直沉默，他反而得寸進尺。你也許是為了和氣而當個好相處的人，可是看在這樣的人眼裡卻變成好欺負的人。

何況會欺負別人的人，不一定都是壞人，有時候好人也會欺負好人，輕則漠視別人被欺負，重則在一旁跟著起鬨。心理學家稱這現象為「黑羊效應」，無辜的黑羊即將被屠夫宰殺，其他人只在一旁默默觀看。

曾經聽過這麼一個故事。小曾是部門裡的新進同仁，某天用餐時前輩A跟全桌的人哭訴自己被客戶罵，擔心因此被主管盯上，最後失去工作。一旁的前輩G聽完，似乎是在安慰A地說：「放心啦，就算要裁員也輪不到你。沒看到有人剛進公司什麼都做不好嗎？笨手笨腳，聽說學歷還不錯，也不知道在學校都學了什麼。」

雖然沒有明講，同桌的人都知道G就是在暗懟小曾，近來部門新進人員也就他一個。沒想太多，小曾聽完眼睛直瞪著G，脫口就嗆：「至少我有學歷。」一眼看氣氛變得不對勁，大夥急忙打圓場，用餐時間也提早結束。

確實，小曾剛進公司有很多事情要學習，但他的努力是被認可的，主管也對他有所稱讚，本以為事情就這樣落幕，他也做好要跟G尷尬一陣子的準備。誰知道，過幾天同事跑來跟小曾說，G到處跟其他人說他不好相處，連一個玩笑都開不起。

「你就別跟他計較，那個人就是這樣。」某位同事說出這句話想要開導小曾，其他人則用眼神跟著附和，等待一臉無奈的小曾回應。

* * *

「那個人就是這樣。」到底算不算一句安慰的話？我認為如果這句話是自己跟自己說，那是一種看淡的釋懷，不是不會生氣，而是不對不必要的人生氣。然而如果是其他人希望你聽進去，說好聽是為大家好，卻也可能只是希望你多配合，而你吞下去的就不只是這句話，更多的是委屈。

要知道，在這世上壞人很多，只敢欺負好人的恐怕更多。沒事暗諷你一下，看你沒反應，下次就當作你接受了。臨時委託你幫忙，幫他第一次忙會感動，之後習慣你的付出，哪天沒幫忙反倒開始埋怨。又或者，總強調自己才是委屈的一方，把其他人的協助當作是理所當然。

其實，自己有能力是應該伸出援手，但不是有能力就一定要伸出援手；你可以當個好人，但不能當個什麼都好的人。畢竟，每個人的時間都是自己的，為別人留時間是出於意願，不是出於義務。也並非被調侃就一定要反擊，但至少不能讓對方視為理所當然，很多時候你不為自己說話，別人也就覺得不需要為你說話。

要知道，對人好是應該的，但不是義務的。有禮貌是相對的，而不是絕對的。

●●●

有個問題我不時會被問到：工作場合有些人敵意特別強，甚至會搞小動作，該怎麼辦？這類的人際問題說起來不少，內容不見得戲劇化，有時普通到好像就是職場本身該有的一部分。

的確，工作上的人際關係不能說不重要，大家都是每天會見面的人，總不能待在公司多久就尷尬多久。而我的回答經常是，如果處在不友善的環境裡，除了適當地表示自己的想法，更要記得：**愈有本事的人，愈沒事**。

先不論是否喜歡目前的環境，當一個人沒有足夠能力離開所處環境時，行為跟想法幾乎是處處受限，甚至只能受人擺布。本事愈夠的人，在環境中的自主權愈高，即使暫時在不喜歡的環境裡也可以安心做自己。換個角度看，當你有能力時，通常是你選擇工作，而不是工作選擇你。

世上沒有掉下來的成功，沒有路上撿來的美好。穩定的生活，來自努力的生存，你的早起、熬夜、咬牙、堅持，都是為了積聚將來有能力選擇的資本，不用再去看誰的臉色。

所以，面對不公平的事情時，除了抱怨不公不義，也要對自己有更多的期許，而不是被動等待問題消失。你要相信，在任何的環境下，努力的意義都不是為了應付生活，是為了創造生活。而為了創造生活，你要有本事過活。

很多時候，我們難以選擇過想要的生活，無論是出身或讀書，是為了工作或為了生計，選擇權並沒有多少。時間用著它的方式在走，日子照著同樣方式循環，彷彿眼前的生活已是餘生的寫照。

然而，不論你現在遇到什麼樣的低潮，被多惡劣的人找麻煩，都要知道，少有人可以改變環境，但每個人都可以改變自己。活得用心，不是為了讓別人看得起自己，而是讓自己不用看別人臉色，可以去過自己想要的生活。

生活從來就不容易，但不代表就只能放棄。面對辛苦的日子，我們可以抱怨生活，也可以適應生活，更應該相信自己可以創造生活。然後在機會來之前多準備，在機會來之後敢行動，在成果尚未出現前，讓每一次的堅持都是蛻變的伏筆。

偶爾，我會想起記憶中的那道傷痕，來不及成長只能看著家在面前碎散掉，許多往事就這樣被埋在了瓦礫堆之下，新的回憶蓋不過去，舊的過往也找不回來，那是無能為力的痛。所以我才會深刻相信，**培養能力是為了有更多的選擇。能選擇在單純與複雜之間不用掙扎；選擇在今天與明天之間少點曲折；選擇在自己感到不公平時，可以據理力爭，也可以輕輕走過。**

選擇不計較的人，不是不想計較，而是不需計較了，因為他的眼裡有更寬闊的天空，不再覺得要跟別人討回什麼，不再需要和眼前的人事物糾纏，可以做個所謂的好人，也做個無法被欺負的人。

你可以當個好人，但不能當個什麼都好的人。

輯五 /

得失之間

態度，
決定你的嚮往走向何處

人生只有一次，
寧可在別人的批評中努力，
也不要在別人的認同裡後悔。

別等到死亡了，
才著急地去活著

艾語錄

有時候，生命會用另一個人的離逝，
來提醒人活著真正該珍惜的事情。
有時候，現實會用前一件事的失敗，
來提醒人努力真正該專注的方向。

其實，人生總有不如意的時候：
所謂的堅強不是要人逞強，
想哭就哭，想一個人就找地方靜一靜，
我們都是這樣慢慢成長的，
邊走邊跌倒，邊跌倒邊堅強。

無論你現在遇到什麼困難，
希望你告訴自己，
你永遠比自己想的還勇敢，
心可以比自己想的還強大。

在史丹佛大學的畢業演講中，已故的賈伯斯分享他在十七歲時讀到的這段話：「如果你把每一天當成最後一天來活，有一天你肯定會是對的。」語畢臺下一陣笑聲。接著他繼續說：「從此我問自己，如果今天是我人生最後一天了，我要如何過？」

這段話非常觸動人心，雖然仔細推敲其中有些不合理。在知道自己活不久的情況下，人是會變得特別勇敢，但也就會把風險拋在腦後。那些原本不敢做，甚至是不該做的事，都能不顧一切去做了。從這個角度來看，「活在最後一天」跟現實脫鉤。

進一步想，人在臨終時會變得感性，如果你突然跟周圍的人說「這輩子受您照顧了。」「我想讓你知道我愛你。」「答應我，以後一個人也要好好活下去。」對方聽完可不擔心死！

我想這句話背後的涵義，不是要人當真不顧明天，而是要提醒自己看待人生的態度。「如果」人生來到最後一天，無論是不是意外，你會對自己正在做的事情感到開心嗎？你會喜歡自己現在的生活嗎？或者，你是否還會在意別人對你的看法？

看完電影《第六感生死緣》的震撼，我從學生時到現在依然記得清楚。片中死神以人類的形體出現在富豪比爾身邊，並告知不久後即將取走他的性命。一開始，六十多歲的比爾並不想離開人間，因為他還想繼續擴張事業版圖，也放不下遲遲找不到幸福的女兒。

可是隨著劇情的發展，比爾漸漸了解即便他的事業再成功，有再大的權力指揮人做事，他還是無法控制所有的事情，也無法決定自己的死亡日期。他領悟到，在這世上任何事都可能隨時發生，那些想要的或不想要的事，都可能。他也因此投入更多心思到他真正該在乎的事情上，而不是防止別人掠奪他的事業，或是抵抗死神的追討。

最後，距死神約定帶走他的前一刻，比爾在他的生日宴會上致詞，臺下的朋友、商業夥伴、員工全部仰望著他，無人知曉稍後他就要離開這個世界。比爾感性地說：「我非常幸運能夠擁有今天的一切，也已經沒有遺憾。祝福你們跟我一樣幸運，當有天早上醒來時你可以說，此生無憾。」說完之後，他就在眾人抬頭觀賞絢爛的煙火下，平靜地跟著死神離去。

印象中我當時是在宿舍看完這部電影，影片結束後胸口因為情緒的鼓譟而溫熱，心中莫名激動起來。如果人生到了最後一刻，能夠毫無懸念地說出自己已經沒有遺憾，是不是代表這一生都值得了？

無憾地死去，我盼望在人生晚霞消失前能擁有這一刻。或許目前想這些還太早，但有時我就是忍不住去思考，活著時應該用什麼樣的自己來填充日子，才能在最後擁有這片刻？

• • •

要了解活著的意義，就不得不碰觸死亡的議題，這是由德國哲學家海德格所提出的概念——向死而生——當人無限接近死亡時，才能體會生存的意義。關於這個議題有不少類似討論，而作家布朗妮．維爾分享的體會直到現在依然讓人印象深刻。

布朗妮曾經擔任過臨終照護員，服務對象是已經來到生命終點線前的人，這些臨終者比多數人都更接近死亡，有絕對資格衡量所謂的一生。布朗妮因為平日工作的互動，多了機會了解臨終者看待人生的智慧，她因此認知到，多數人臨走前的遺憾，是年輕時沒有勇敢去過自己想要的人生。

或許真是這樣，大部分時候我們都習慣用「年」來計算日子。一年來了，一年又過了，除了填表時要多加一歲，似乎什麼都沒有改變。只有在瀕臨死亡的時候，才驚覺要用「月」來計算日子，或用「天」來細數。

生命的節奏，因為死亡的確定而忽然加快起來，卻也開始後悔好多事沒有去做，好多人沒去珍惜。

就像學生時會覺得二十歲離自己還很遠，有天才發現自己怎麼快要跨過三十歲的大門，進而納悶時間都用去哪裡了？時間總是無聲無息，卻又力大無窮，悄悄地把人拉向不想去卻一定要去的地方。

所以，我們要時常提醒自己，不要等到死亡了，才著急地去活著。活著的時候人會忘記死亡，只有意識到死亡的時候，才會想起有沒有好好活著。

說來，人生不過兩件事，出生與死亡。出生的控制權完全不在己，沒有人可以選擇自己的家世。這是帶有一點悲傷的體會，就像雙手雙腳被綁在椅子上推了出去，前方一切盡是疑惑。

然而，死亡才是重要的。出生是一瞬間的事，死亡卻是一輩子的事；正確來說，是一輩子都在面對死亡。我們如何面對死亡，決定了我們如何去活。

生命是一連串無法重來的消耗，你跟誰相處，為誰生氣，追求什麼，錯過什麼，時間都無情地替你書寫下來，它用絕不停筆的態度告訴我們，不把自己當回事，是天底下最傻的事。

談這些氣氛或許沉重，但人生又何嘗允許自己輕視。懂了，就別浪費時間在討厭的人身上，別把自己困在無法改變的過去裡。把生命寄託在更重要的事情上，別忘了人生不會有下次。

生命其實不過就兩件事，既然無法決定出生了，我們就一定要為自己好好地活。

其實，死亡的存在，對任何人來說都很有意義。沒有死亡等著，時間看似可以任意揮霍，也就形同沒有價值，唯獨認真看待結束這件事，我們才會認真看待開始的重要。有了終點，前進的過程也才有個方向。因為知道死亡是不可避免會發生，才有動力去追求想要的人生。

● ● ●

話說回來，如何才能沒有遺憾？某天我在思索這個問題時寫下這句話：不要為了遺憾，而遺憾。第一個遺憾是名詞，代表過去發生的事。第二個遺憾則是動詞，代表因為某件事而後悔。

沒有凡事順利的人生，我們並不是完美的人，都有可能跟某些人或事錯過，或是沒把握好原本應該把握的機會。追求想要的人生確實不容易，你會擔心失去現有的好，卻可能只得到未知的壞。你會害怕，你會恐懼，你會介意別人的眼光，你會路過許許多多的人，卻沒多少人跟你同行。

只是許多美好的事情，都是發生在你尚未去到的地方。要跨出舒適圈很難，但那樣的不舒服，也是為了去過更舒服的日子。要成為你想成為的人，就要去做會讓你恐懼的事，擁抱改變，才會讓更好的事情發生。

無論有沒有錯過什麼，不要一再追究自己的錯，而是學習如何走過，吸取經驗成長。重點是，我們不應該為過去的事情後悔，畢竟如果當初做了另一個選擇，又怎麼知道事情的發展會是更好？

生命的過程有自己的節奏，我們往往用最害怕的方式寫下不一定會發生的劇本。這是人的慣性，容易看輕身邊事情的重要性，不把它們放在心上，卻又太在乎得不到的事情，任由它們占據心裡。這是真正的遺憾，因為擔心失去而忽略此刻所擁有的人事物。

就像有人說：「旅行，是為了找到回家的路。」而失去，則會因此看見自己的擁有。

曾經的跌倒，是為了提醒自己下次要繞過去，扎心的感情，是為了點醒自己以後要看對人。昨天已經過去，明天才準備到來，你沒有自己想得那麼差，未來也比你想得還要好。至於過不去的事情，就交給時間讓它過去；已經過去的事情，就讓時間把它留在過去。所謂的錯過，可以是遺憾，也可以是禮物，就看你從什麼角度去看待。

• • •

想找個時間再把《第六感生死緣》看一遍，但已經很少會特地去挑片重看，時間總是被沖刷進忙碌的生活裡，或許要等哪一天巧遇電影臺播放才有辦法看完。

看舊電影的感覺是微妙的，即使大部分的劇情甚至臺詞都已知道，還是願意等待某個片段出現，期待記憶裡最鮮明的那個橋段。雖然也不確定到底是劇情太精采，還是當時的心情被某種情緒深深擁抱著。

就像那時我在宿舍看完電影後的震撼，以為只是頃刻的心情盪漾，卻影響到我的人生價值觀，一路上努力地想把日子過成我想要的樣子，也期待人生走到最後，我跟自己之間會有什麼樣的對話。

忽然覺得自己是幸運的，也是幸福的，我的人生電影還沒有演完，也無法預知何時會中斷，所以我會把握時間繼續用心寫此生的劇本，努力刻畫每個日子，就像不會有明天一樣。

我們都是這樣慢慢成長的，
邊走邊跌倒，
邊跌倒邊堅強。

不要害怕犯錯，
而是要努力去做

艾語錄

改變很難，是因為你把過去的失敗，
直接看作未來的結果。
放手很痛，是因為你以為過去發生的事，
會一直糾纏自己到以後。

人都會犯錯，無論做錯事還是看錯人，
但不用把犯錯看成多不好的事，
因為它背後給人的機會是學習。

我們都一樣，要經過學習，
才有機會接觸更好的事，遇到更好的人。
學習讓不好的事先過去，
好的事就會慢慢進來。

我心中存在一個天真的想法，認為人一輩子可以犯錯的次數有限。年紀輕時可能犯的錯較多，但隨著經驗增加，犯錯的次數會減少，做對事情的機會就提高。從另一個角度看，隨著時間推進，一個人在前期所犯的錯，會讓後期的路愈走愈順。

不過，這並不是指要刻意搞砸事情去犯錯，如果能不犯錯就實現人生願望，風平浪靜就抵達終點，當然值得高興。但從我小時候學騎腳踏車的經驗，到學生時跟心儀對象說的第一句話，再到進入職場後上臺簡報、面對客戶的表現，我知道任誰都有可能犯錯，人生要一帆風順抵達目標是可遇不可求。正是因為犯錯，我們才會學到東西，做為日後成長的基石，不斷疊起生命的厚度。

相對來說，如果一味地想避免犯錯，也可能不知不覺中做錯更多事。

也許是擔心輿論壓力，這個社會似乎討厭人犯錯。因為犯錯會造成其他人的麻煩，犯錯會讓成效打折，犯錯是在浪費時間，犯錯代表考卷上要被扣分，犯錯會導致出糗而被嘲笑，久了之後我們開始在做錯事情跟做人沒用之間畫上等號。於是，不敢在沒把握時開口表達，不敢在有機會時主動舉手，不願在別人懷疑時相信自己，不願在被嘲笑以後繼續前進。

但仔細想，犯錯並非失敗，真正的失敗是指你放棄不該放棄的事情，如果你是在盡力後犯錯，而且還願意繼續努力，那並非無用的失敗，更是種堅強。何況，如果是有意義的失敗，接下來的發展也會是有意義的。

走在成長的路上，我們都得經歷些掙扎，會掙扎是否要對自己那麼嚴苛，會掙扎是否有必要那麼堅持，會掙扎是否有能力承擔失敗的結果，會掙扎是否要顧著未來，選擇撐過不舒服的現在。這些掙扎都不好受，如果可以避開，沒有人想承受。

只是我想告訴你，那些能實現夢想的人，正是願意咬緊牙撐過去的人。勇於去做的人當然也害怕失敗，但更害怕自己不敢去失敗。失敗至少代表付出行動，不敢失敗等於沒有行動。都是這樣的：做夢的人心動，做事的人行動。

年輕時犯的錯，會比年長時犯的錯成本來得低，一時地掙扎，也絕對比一輩子都在掙扎好。少有人的成長不是經由失敗換來，再優秀的人也會做出錯誤的選擇，付出必要的代價。雖然這不代表受過傷的人才有機會迎接美好的未來，但至少癒合的傷疤會提醒人正確的方向。

如果你曾經因為犯錯而質疑自己，或是對現況感到灰心，那就回頭看曾經走過的路，你會發現其實你比想像中進步還多。多數時候我們太刻意避免犯錯，不敢再跌倒，所以才限制了自己能走的路，錯過原本可以去的地方。

不要害怕犯錯，而是要努力去做，哪怕犯錯會帶來麻煩。**說到底，不敢犯錯才是最大的錯，而且就算這次做錯了，也表示你得到下次做對的機會。我們並不需要愛上失敗，而是要追上失敗，超越它，超越自己**。

汰換本是生命的一部分，挖空才有機會放入新的種子，每個人的心中，都存有往前的力量，只要不被一時的錯誤綑綁住，持續用努力填充時光，時間自然會把你帶到更好的地方。

人一生能犯錯的次數是有限的，隨著碰壁後的省思，跌倒後的爬起，你也會因此愈來愈明智，做出的選擇愈來愈成熟，最後走上真心喜歡的道路。生命雖然會在某個當下出現裂縫，更會在情緒的流動下逐漸癒合，之中的宣洩都將洗淨煩躁。

所以，別再為了錯過而後悔，應該要為遇見而期待，如果你也能這樣告訴自己，就會找到更多信心去嘗試新的事物與挑戰，讓自己在未來，因為現在的勇敢而驕傲。

成功只是人生的標記，不是人生的標準

艾語錄

被別人的一句話傷到，是一件代價很高的事。
對方不用為自己說的事情負責，
自己卻要花很多的時間承擔。

其實，比你弱的人，才會在背後說你，
比你強的人，根本沒時間理你。

這世界永遠不缺打擊人的本性，
缺的是站起來的韌性；
人生是自己的，你會因為別人而跌倒，
所以更要為自己而堅強。

忘了是在哪裡看到的形容方法，覺得傳神就記在本子裡。人一生像是牆上的時鐘，走一圈十二小時，每時每刻都代表人生不同階段。

若以生命總長八十歲來說，二十五歲是早上七點半，不少人正睡夢初醒。三十歲是早上九點，一天的忙碌與挑戰正要開始。四十歲是中午十二點，休息完準備迎接人生下半場。五十歲是下午三點。六十歲則是傍晚六點。

才六點。

想想，如果從時鐘的比喻角度來看，人生不過「兩圈」就走完，時間在不知不覺中飛逝。但如果是專注在當下的幾點幾分，好像過得又沒有想像中快。二十多歲的清晨不過是一天正要甦醒的時候；三十多歲的早上是準備落實一天計畫的時候；四十多歲的正午才要開始驗收成果，或是補齊早上沒完成的進度；五十多歲的午後，則是為了下班做最後衝刺。

這樣想，時間的壓迫感好像沒那麼重了。

如果把時間跟年齡聯想在一起，確實會造成不少壓力。好比在媒體的渲染下，「網紅」一詞近來已變成是吸睛的關鍵字，或許主辦方希望跟觀眾產生更多共鳴，出席活動時我也不時被人以此稱呼。

我並不排斥被稱作網紅，但也始終不習慣，因為我碰過面的幾個網紅，幾乎都不到三十歲，遇到二十歲的人也不意外。相較於並非在網紅時代出現的我，年紀相對……嗯，年長了些。

目前我看待自己的身分有點微妙，就網紅來說我年紀稍大，若以作家的頭銜來看，我也是到了出版第四本著作後，才有信心接受別人以此稱呼我。在那之前，我認為作家是屬於全心全意投入寫作的人，是文藝上的傳承者，具有相當崇高的地位。至今對我而言，還是有很多地方需要精進。

•••

一直以來，年齡的或大或小都是相對的概念，可是一旦壓印上世俗的成功規則後，就冒出很多的「應該」。應該在幾歲時結婚，應該在幾歲前有小孩，工作多久應該要升遷，收入應該要有多少，考試應該要考幾分。這些應該就像沒有沾墨的鋼印暴力地直接壓在身上，沒有明顯的字樣，卻留下深深的印痕。

可是，那麼多的應該，如此濃厚的約定俗成，也煉成好多道的枷鎖把人銬在某個地方，限制人一定要在某個時候完成某件事，在焦急的心態下，反倒跟人生更多的可能性錯過。

在不同的活動中，我不時會被問到「該不該做什麼」的問題。潛藏在這些問題的背後，是許多人對未來感到不安的迷惘，以及過度忽視自己只為了別人而活的無奈。在不安感的籠罩下，人會急著尋找能讓自己安心的解答，此時如果參考多數人的方法去做，看起來好像是個安心的選項。

這讓我想到大學時做報告的情況，遇到要繳交報告時，往往可以分出兩種類型的同學。一種是會早早開始蒐集資料的認真類型，另一種就是等朋友做得差不多了，借來參考一下的隨興類型。

可以想像，能夠從報告中獲益的是認真做報告的人。這些人不一定拿高分，但在親自蒐羅資料、歸納整理的過程中，會漸漸得出獨有的心得，也會比直接參考別人的報告更融會貫通。

如同一手的報告肯定比二手的報告來得貼近自己的想法，想要破除「該不該做什麼」的迷思，你要實際地去做，獲取自己專屬的經驗，而不是借用別人的人生報告做出自己的報告，借用別人的人生來決定自己的選擇。要知道，二手的人生很難是自己喜歡的人生，依照別人的方式過生活，往往會忘了自己想要的生活。

畢竟每個人都是獨一無二的，人生不是電腦報告，複製再貼上就會得到同樣的結果。

這跟旅遊中得到的體會相似，有些景色縱使圖片照得再美，解析度再高，還是要在親自見過後，那股立體感才會在腦中浮現出來。

好比去北海道之前我對雪沒什麼概念，看到電視中的雪景只能感受到白茫茫的一片，還有想像中一定很冷，無法體會為什麼有人說下雪的聲音是輕輕的噠噠聲。我是在那天實際踏上雪地後，才感受到一腳踩下就陷進去的感覺，耳朵也確實聽到輕雪噠噠地落在外套上。

從此以後，只要在電視上看到雪景，聽到踏雪的腳步聲，心中就能感受到當時的體驗，甚至連冷的感覺都好像浮現在周圍。此外，像是倫敦的街道、曼哈頓的高樓、巴黎的街景，這些時常在電影中出現的場景，都因為自己去過之後，腦中有了鮮豔的色彩。

其實，所有的故事都是好讀的，但也都是別人的，你得要啟程寫自己的故事才行。當你有了自己的故事，也才會對其他人的故事有更多的共鳴，當你開始計畫去過自己喜歡的生活，才會知道為何付出再多還是值得。

當然，並非說如果猶豫該不該結婚，那就隨便找個人結婚好了，不適合再離婚。或是煩惱該不該離職，那就先離職換新工作好了，不喜歡再換下一個。實際地走過，是要確認自己能否接受這些社會化的「規矩」。你必須明白自己還不明白的道理，而不是匆忙地接住其實並不喜歡的生活，再說服自己那是想要的人生。

就像要把一個方形塞到圓形的模子裡，作法就需要從四周的稜角開始磨，磨到有一天接近那個圓了，再使力轉動塞進去。但想想，明明就是方形何須變成圓形，方形固然方形，圓形固然圓形，兩邊都是各自該有的形狀。

但確實不容易，這世界最難的事之一，就是做跟周圍的人不一樣的事。只是也因此我們才要不斷地去思考，持續地跟自己對話。你得了解自己為什麼要做那件事，而不是被別人推著「應該」去做那件事。

現實的世界就像條自動化的輸送帶，不斷迫使人去同樣的地方，做同樣的事，走同樣的路，彷彿到了什麼站，就要變成什麼樣的人。縱使心偶爾有不同的嚮往，也因為對環境感到無助而迷茫，落入循環裡。

然而，沒有什麼突破是簡單的，也沒有什麼成果是撿到的，那些能過著想要生活的人，都曾經活在自己也懷疑的日子裡。

確實，失敗之後多少會失去什麼，但也要知道，沒有行動可能失去更多。人生就只有一次，不應該都用來對別人交代，還有滿足別人的期待。因為只有一次，寧可在別人的批評中努力，也不要在別人的認同裡後悔。

●●●

如果你並不喜歡正在過的人生，也千萬不要對自己失望。

面向這喧囂的世界，很難不去注意別人擁有什麼，或是別人正在吵什麼，甚至是別人討厭你什麼。

不過人生終究是自己的，再多的鼓譟還是要回歸自己的心跳。**認清自己是誰，比別人認識你是誰還重要；成為自己想要的人，比成就其他人想要的你還重要**。每個人都有自己的節奏，有自己的步伐，別人的舞姿再美，或再差，都是在別人的舞池，跟自己的舞步無關。

能夠擁有自己喜歡的人生是幸運的，既然是幸運，就不是人人都有。所以你務必要告訴自己，人生不一定能選你所愛的，但一定能愛你所選的。

為了生活，很多時候我們必須做出妥協。要應付不喜歡的人，要面對不開心的工作，要接受不公平的要求。選擇最難的，或許並非做不出選擇，而是沒動力選擇，被無力感給癱瘓，放棄選擇。

無論你對現在的處境有多灰心，都別忘了你永遠是自己心情的主人。不要因為別人的光芒，讓自己陷入了迷茫；也不要因為年齡的擠壓，讓自己走錯了方向。或許現實逼著你放棄很多事情，但只要你持續往前走，一定還能遇到更多的美好。

就算真的跟什麼錯過也沒關係，人生注定會發生的事，就是有許多原本期待的事後來沒發生，以及從沒期待過的好事突然走進生命裡，成了後來幸福的起源。

以人的本性來說，我們會希望一件事用最想要的方式出現，或用最好的方式結尾。好比約會時期待對方多一點體貼，吵架後期待對方早一點道歉，工作上會期待公司的加薪，當了父母，更是有各種期待、各種擔心。

然而，世上最能確定的事，就是沒什麼事真的確定。生命都有自己的步調，會遇到好事也會遇到壞事，如果當下要人走慢點，或許是要提醒你別錯過風景。

無論你現在遇到什麼困擾，事情若順利很好，若不順利，順其自然也很好。人最強大的力量不是可以控制事情，而是可以調整心情，遇到好事就開心，遇到壞事就平常心，在不完美的生活裡，找到自己喜歡的生活方式。

願你也相信，壞事會來，也會過去，總有一天，那些都是日子最好的輪廓。

人生只有一次，
寧可在別人的批評中努力，
也不要在別人的認同裡後悔。

好時，多為別人著想；壞時，多為自己鼓掌

艾語錄

人在高峰時，別看不起別人，
人在低谷時，要看得起自己。

低潮時，要學習為自己打氣，
變好時，要懂得為別人加油。

記得，一個人有愈多的價值，
愈不需要擺什麼架子；
那些整天說自己很厲害的人，
才是最怕被大家看穿的人。

曾有讀者來訊，能否分享如何寫出有共鳴的文章，如何才能出書？聽到問題我的第一個反應是：「終於有人問我如何寫作了！」心中竊喜，很想喊「媽，我在這！」好像我得到什麼青年楷模的獎項。

不過隨之而來的煩惱是如何給出像樣的答案。我心想：「不對，我從來沒認真想過如何寫作的問題。」所以我打算直接回答：「就一直寫而已……」但隨即遲疑這看起來不像一個「答案」，就像一塊沒有撒上糖粉的蛋糕少了什麼魅力。

「神氣什麼，不就出了幾本書。」

「我看你是暗藏什麼訣竅不想說吧。」

「一直寫？這我也知道，還用你說。」

腦中不知從哪冒出對方可能有的想法後，內心開始不安地聒噪起來，擔憂對方覺得我隨便回答該怎麼辦。

不過事實就是事實，不會因為它看起來太簡單就不能是答案，所以我敲了幾下鍵盤，按下傳送鍵，直接回訊。

「就一直寫、一直寫！」我說。

然後是一陣子沒回應。

「謝謝。」對方回傳訊息。

雖然我也不確定有沒有幫助到對方，但往後的日子有人問到我寫作的問題時，我最簡短的回答基本上依然是「一直寫」。因為我就是持續地寫，才慢慢了解自己想要寫的內容跟風格，還有為了什麼堅持寫作。也因為一直寫，我才慢慢突破自己的心魔。

否則我有一度想放棄寫作。

●●●

某次被媒體問到：覺得一輩子最好的投資是什麼？那時我不假思索地說出「寫作」兩個字。廣義來說，寫作確實是我至今最好的投資，比金錢或畢業文憑等其他的投資都還值得。不只是多了版稅收入，我從寫作中更是徹底釐清自己的長處、短處，我討厭什麼、我該堅持什麼。

還有我是個什麼樣的人。

依稀記得收到首本著作的出版邀約時，我曾迷惘該如何「定位」自己的寫作風格，那種感覺像是突然走進陌生的街道，急著開啟手機地圖想確認自己身在何處，又該往哪裡去。

在那之前，我認為能夠寫出某種類型的文章才有資格出書，比如辭彙華麗的譬喻，優美浪漫的句子，結構深厚的篇章，能寫出這樣的文章才有資格出書。然而，這就跟改變自己適應環境，要求自己配合別人類似，如果我急忙把自己定位成某個樣子，我是否還會喜歡那樣的自己？我能享受寫作時帶來的愉悅感嗎？

當時我回想自己喜歡讀的書，看完後會感動的文章，那些會想要一讀再讀的故事，我希望自己也能寫出那樣的內容。將我的生活體會，化成能影響人的故事，啟發別人也走出自己的故事。

所以我就一直寫，管他什麼定位，想到什麼點子就記錄下來，得到新的啟發就去思考，讀到觸動人心的句子就多去體會。我在筆電上寫，在手機上寫，在捷運上寫，在計程車上寫，在咖啡館寫，在機場候機室寫，在公園椅上寫，在洗澡洗到一半時衝出浴室寫。只要有點子，我就會把自己浸泡在寫作的世界裡，因為我知道有機會跟靈感巧遇實在太奢侈，我願意放下手邊所有事情只求它陪我久一點。

有一陣子，我恢復到以往寫作的節奏，快樂地逡遊在文字之間。只是隨著文章陸續累積，我又漸漸感受到自己的不足，我開始覺得自己的能力根本不夠。我知道我不該否定自己，但我忍不住，忍不住懷疑自己寫出來的東西，根本不是東西。

我患上冒牌者症候群。

這個症候群的特徵，就是你的能力會跟看扁自己的程度成正比。客觀來說，你有足夠的能力做好很多事，但主觀上自己卻不那麼認為，或覺得沒有資格得到讚賞，害怕有人看穿你其實能力不夠。這個症狀會導致人信心低落、失去動力、自我否定、害怕失敗，或是講求完美而不採取行動，不斷拖延該做的事情。

接著你會懷疑自己擁有的一切都只是運氣好，會擔心別人一下就識破你的技倆。你就像換了一臺畫質更高的相機自拍，以前看不到的小小小小缺陷，如今都在相機條件更好的情況下暴露在眼前，反而覺得自己見不得人。

簡單來說，你用「我不配」這三個字，重重賞自己一個巴掌。

雖然如今我已經有心理準備，或許此生都要跟冒牌者症候群搏鬥，只是可以的話還是不想跟它做朋友。但當時它就是找上自己了，該怎麼辦？我必須找個方法，不然它會像纏成一球的膠帶，黏著我甩也甩不掉。

也就是在這個時間，我翻開自己的心理學筆記，重新認識自我疼惜的觀念，是由克莉絲汀・聶夫博士倡導。她說有個心態每個人都應該具備：在遇到困難時能支持自己，以及在承受壓力時不苛責自己。我自己的解讀是，我們應該寬容地對待自己，溫柔地梳理自己內心。

什麼是寬容地對待自己？要多寬？舉反面的例子比較好懂：想擁有一個完美的生活就是嚴格地對待自己。你不允許自己有犯錯的空間，你總是拿更好的結果來跟自己比較。你會擔心別人的眼光，會把批評看成確實有那麼一回事。你會挑出好事中的小缺憾，再搬出你心中的放大器，將壞事的後果不斷增強來折磨自己，猶如拿著麥克風對著喇叭，尖銳的煩躁直接往你刺過來。

你學會追求更好的自己，更棒的生活，卻也不敢停止鞭策自己。**你忘了你也需要休息，也有自己的脆弱，有自己還不擅長的地方。你忘了這個簡單的事實：我們都只是個人，是人，就不可能完美。**

所以，為什麼當我們陷入低潮時更要為自己打氣？因為無論走到哪裡，我們都是唯一全程陪伴自己的人。有需要當然應該尋求朋友的協助，或是專業的心理諮商，但無論採取什麼行動，我們都要學習、更要願意為自己打氣。

生活瀰漫著許多的不確定，原本看似穩定的工作，可能隔天就被迫走人。原本擬訂好的人生計畫，一次突發事件就從此變卦。本來昨天還熟悉的朋友，說不定今天就變成了陌生人。

說來，人生會發生意外一點都不意外，重點不在於阻止壞事的發生，而是發生後該如何面對。我們可以消極地看待，認為都是這世界在找自己麻煩，也可以調整好心態，努力變成更好的自己。

每個人都有好與不好的時候。能到達高峰，要感謝老天而不是只感謝自己，處在低谷，要勉勵自己而不是只抱怨老天。多為自己打氣，今天不管發生什麼壞事，明天都將是重新的開始。

・・・

重新學習自我疼惜的觀念後，我點進部落格看我過往寫的文章，才發現到那段時間寫作能力的進步程度比想像中多。「原來自己有持續改善寫作技巧。」看到事實後我開始為自己打氣，把更多的肯定留給自己。我是後來才知道，這跟諮商領域裡所提及的「感恩筆記」，或是時間管理技巧的「任務回顧」相似，都是要人主動看見自己的好，經由自我回饋來釋放情緒壓力。

雖然那股擔心寫不好的焦慮感並非完全消失，但我知道我有能力跟它平靜相處。光是明瞭這點，周圍空氣便不再稀薄，對於未來的膠著感減低不少。

會想分享這段學習寫作的歷程，是因為我知道許多人跟我有類似情況，在努力的過程中不自覺地否定自己。如果你是，我想跟你說：別焦慮，你並沒有不好，因為只有正在前進的人，才會擔心自己走太慢。

有時候，努力反而會讓人變焦慮，因為唯有人在努力的狀態中，才會知道自己有多少不足，才會後悔自己錯過多少青春。畢竟，一個正在奔跑的人，周圍也會有奔跑的人，所以才能看出自己的快慢。

然而，在成為更好的自己之前，人總是要越過許多的坎，這是成長的必經過程，我們需要不斷跟過去的自己衝撞，又持續跟未來的自己磨合。事情就是這樣，值得的東西從來都不是簡單就能擁有。

人生難免迷惘，甚至經常迷茫，想做的事情下不了決心，穩定的日子又捨不得拋棄。無論是工作、生活或感情，清晰感總是那麼匱乏，那麼難尋。

但，生活本是一連串地跌撞，再不停地微調。當我們踏上人生這塊浮木時，你必須持續調整姿勢才不會摔下去。為了平衡，你要先讓自己不平衡，為了抵消生活的不確定，你要努力抵抗生活的意外。

給自己多一點彈性，勇敢承受生活的拉扯，讓自己耐得住寂寞，平靜走過必要的孤獨。不管是被人看不起，或是擔心自己來不及，都別忘了你是在為更好的生活而努力。有遇到機會就用心把握，沒有結果就重新來過，一旦付出了努力，其他就順其自然，就算事情到最後跟預期的不同，你也因為成長而早已不一樣。

別慌，只有正在前進的人，
才會擔心自己走太慢。

過去的事，
就應該當成過去式

艾語錄

我們都該學習不被過去的事干擾，
不因未來的事迷茫，
用心把每一天過得更好。

別人再怎麼討厭你，都是別人的事；
煩惱再怎麼糾纏你，都是遲早會過去的事。

人生之所以會美好，
並不是周圍的人事物都變成令人滿意的樣子，
是因為你從生活的隙縫中，
看見自己喜歡的角落，
然後用心打點好那個地方。

奧地利神經學家維克多．法蘭克是二戰後的倖存者，三十多歲時因為戰爭被關進猶太人集中營，最後他把在集中營的經歷化作土壤，把體會當成養分，開創出影響世人的意義治療法。

不過我並非要說法蘭克醫師的故事，他的過去已經廣為人知。我要跟你介紹一位較少人認識，但所經歷過的事同樣令人感到悲傷，也同樣鼓舞人心。她是同為倖存者的伊蒂特．伊格博士。

出生在匈牙利，伊格博士從小就學習跳芭蕾舞，也曾有機會參加奧林匹克的體操競技。一九四四年，十六歲的她正在與家人享受美好時光，門口突然闖進一群人架走他們，將全家人趕上運輸車，車子的目的地是前往集中營。

一路上車廂內瀰漫著未知的氣息，抵達集中營前伊格的母親跟她說：「我不知道我們會被帶去哪裡，不知道會發生什麼事，但你要記得，沒有人可以奪走你放進心智裡的東西。」

抵達集中營後，遠方陰暗的大門立刻吸引伊格的注意，她不知道自己身在何處，只知道那座門充滿著令人絕望的窒息感。

父親在下車後隨即被帶走，她們則被趕進人群中排隊前行，隊伍銜接的盡頭站著許多衛兵，其中一位看似指揮官的人正在分派隊伍，那個人就是被稱為「死亡天使」的約瑟夫．門格勒醫生。

隊伍依序消失在門格勒站的位置後面，輪到伊格她們經過時，伊格的母親先被指示往左邊走，伊格下意識跟隨媽媽的腳步而去，但門格勒卻一把抓住她，打量幾眼後叫她往右邊去，並跟她說媽媽只是先去沖個澡。當時她還不知道的是，原來左邊是之後要被送去毒氣室的方向。

伊格回憶起被關在集中營的那段日子，語氣是如此絕望，但眼神卻又是無比堅強。她不知道下一秒會發生什麼事，她不知道何時會被帶去沖澡，她不確定每一天從浴室蓮蓬頭裡噴出來的會是水，還是瓦斯毒氣。她只知道，她會想盡辦法活下去，活過今天，活過明天，活過一天又一天，最後帶著母親在車上對她說的那段話，以自由之身走出集中營的大門。

伊格是在戰爭接近尾聲時被救出集中營，獲救時正躺在屍堆中，體重剩不到三十公斤。接下來有好長的時間她都活在內疚之中，對自己能夠生存下來感到不解，甚至覺得羞恥。人們是漸漸才知道，在創傷事件中存活的人會有罪惡感，會質疑自己憑什麼逃過死亡，醫學稱這為「倖存者罪惡感」。

伊格就這樣跟罪惡感搏鬥了幾十年，直到有天她重回集中營的遺址，感受到歷史在她心中留下的傷疤，她才終於原諒自己是倖存者，同時喚醒早已埋藏在心中的使命感。她決定投入更多時間來幫助身心同樣受創的人。

期間，伊格陸續取得博士學位，在大學主持心理治療中心，開辦自己的診所，不斷協助心理需要幫助的人。距離生日不到一個月時，即將滿九十歲的她出版了人生首本著作，書名就是她一路走來的心情《抉擇》。

即使過了九十歲，她在演講結束時同樣會邀請大家上臺跳舞，依舊會展現小時候練芭蕾舞的柔軟度——把腿踢到快跟肩膀同高。她的年齡掩蓋不住她對生命的熱情，她的活力感覺不像她的年紀，她的兒時悲痛沒有擋住她的意志。一切，來自於她對自己的使命，來自她選擇放入什麼到她的心智裡。

「無論發生什麼事，」一場演講中伊格博士說：「我們都依然有選擇，有自由的能力去應對任何艱困的情況。」

・・・

同樣曾被剝奪自由，前面提到的神經學家法蘭克說過：「在人身上，所有的事都可以被奪走，除了這件事——在任何情況下我們選擇面對事情的態度跟自由。」

法蘭克認為，人類的動力不是來自於追求快樂，而是從生活中領悟到自我存在的意義。他也確實做到了，當年他靠著渴望見到家人的意志活著走出集中營，之後再帶著自己賦予的人生意義，出版好幾本重量級著作，發展出影響世人的心理學理論，不辭辛勞到處演講，啟發人對生命的意義，活到九十二歲才離開人世。

雖然現今社會相對富饒，難以想像戰爭時期的人是過著什麼樣的生活，他們到底承受多大的痛苦。可是在人生的某個階段，我們皆要面對自己內心的掙扎，會遇到無法避免的痛苦。

每個人都有自己的問題需要去解決，也唯有自己能負起責任來解答。重要的是，就算結果不如預期，你都能選擇要用什麼樣的心情去面對。

常聽到：「人生，是一連串的選擇。」這句話看似應用在追求人生的成就上，一個選擇扣住下一個選擇，最終成就想要的人生。但在我看來，**選擇更是每個人自己一生的寫照，它不只是一個扣環，更像是一把鑰匙，你用這把鑰匙開啟什麼樣的門，會引導自己後來的人生走向哪裡。**

我們選擇如何面對人生的壞事，會影響自己怎麼看待接下來的事。我們用什麼心態面對眼前的困境，當下會影響自己是否相信自己的心境。畢竟，壞事從來都不會在生活中消失，反而會趁我們毫無防備的情況下重擊我們。生活是有可能完美，但那只是頃刻之間而已，是人生中偶爾出現的波峰，如果拿那樣的一剎那來衡量自己的人生，無論怎麼比較都是在高點之下。

有的時候，人也會做不出選擇，因為覺得無法承擔後果。但其實正確選擇的相反並非錯誤選擇，而是沒有開始選擇，認為自己還沒有準備好，還沒有等到最好的機會，所以遲遲不想選擇，不肯開始。這其實也是掉入想追求完美的迷思。

我在工作上就有過深刻的體會，那時我在公司接下新的專案，要在成本範圍內改良舊產品，但過程中卻遇到新的問題。為了符合客戶的需求，連同我在內的專案成員試了各種不同的設計，想在功能、成本、體積等各方面都達到最好的成果，這是追求最佳解的概念。

只是很快我們就遇到選擇困難。如果想要快速解決問題，可以直接用上最好的元件，但成本將大幅增加。若修改產品的線路設計，又會出現新的干擾訊號。再來，如果要求生產線配合研發部門的設計，又會在別的地方多出成本。我們好像在玩打地鼠遊戲，這邊敲下一個問題，另一邊馬上跳出新的問題。

折騰很久，我們最終放棄在舊產品裡找最佳解的念頭，重新以有效解決問題為目標。轉換思路後，我開始重新設計電路，打破現有的框架，最後成功設計出符合客戶要求的新一代產品。多年後我回到公司跟同事敘舊，得知那項產品還在出貨給客戶，心中除了覺得那陣子的努力有價值，也肯定自己當時有跳出最佳解的迷思。

人生其實也是，當我們面臨抉擇時並沒有所謂最好的選項，每一個選擇都會通往新的可能，每一個考量也有未知的困難，就算準備再多還是會遇到未曾預料的問題。何況，當你想在現有的資源下找到最好的方案，反而是在錯過更好的可能。

如同生物學家史都華·考夫曼提出的「相鄰的可能性」概念，細胞演化會從結合周圍的資源開始，結合後的資源會產生連鎖效應，再往外結合新資源，逐步演化成更高等的細胞。長時間下來，人類之所以有機會從細胞演化而來，就是因為細胞沒有準備太多，不怕犯錯地一直選擇跟嘗試。

如果當初會演化成人類的細胞，都一直待在原本的環境裡，想要做足準備才開始演化，有天它也終於跨出去了，可能才發現外面的世界早已跟自己想像完全不同，也容不進其他已經進化的高等細胞，或許也就不會有後來的人類。

簡單說，**今天的準備將成為明天的機會，而明天的機會將成為未來的可能。大部分時候機會是發生在自己現有能力的邊緣，你必須挑戰自己才會看到更好的可能**。

況且無論有沒有選擇，都是做出了選擇。既然如此，何不在有限的生命裡，盡可能去發現更多的可能。

• • •

重讀伊格博士與法蘭克醫師在集中營的故事，我體會到當人遇到痛苦的事時，都有可能把當下視為終點；但，也有能力當作起點。

人遇到痛苦會下意識想逃離，因為那對我們來說看起來是警訊。畢竟，好好的日子突然不如意，再多的正面思考也無法阻止自己往壞裡想。沒人希望順遂的生活突然被打斷，沒人。可是，痛苦其實也是對自己的一個提醒，因為發現問題了，所以身體或情緒做出回應，提供我們能量選擇改變的路。

如同我在《你，很好》中寫到：「生活會給你打擊，但我們可以拒絕被打倒。」被打倒了，站起來就好，覺得自己徹底失敗了，等於是否定自己的努力，還有那個曾經期待成長的你。

生活有好日子，就有壞日子；有完美的時候，也有不完美的時刻；有過去的事，也有過不去的事；會穩定，也會起伏。人生總有不好的時候，關鍵還是在發生之後我們如何去收拾。

如同伊格博士說的另一句話：「每個人都有能力去痛恨，也有能力去愛。終究會是哪一個，端看自己的選擇。」

生活從來都不需要完美，人生的意義，端看我們的選擇。願你在好與不好的日子之間，做個完整的自己，願你在時間的陪伴下，勾勒出喜歡的未來。

生活從來都不需要完美，
人生的意義，端看我們的選擇。

國家圖書館出版品預行編目資料

在不完美的生活裡，找到完整的自己 / 艾爾文著 .
-- 臺北市：三采文化，2020.10
面；　公分 . --（Mind map；215）
ISBN 978-957-658-419-0（平裝）

1. 人生哲學 2. 生活指導

191.9　　　　109013191

suncolor 三采文化集團

Mind Map 215

在不完美的生活裡，找到完整的自己

作者｜艾爾文　攝影｜艾爾文
副總編輯｜鄭微宣　責任編輯｜鄭微宣
美術主編｜藍秀婷　封面設計、內頁版型｜藍秀婷　美術編輯｜Claire Wei
封面插畫｜謝孃瑩　校稿｜艾爾文、黃馨儀
行銷經理｜張育珊　行銷企劃｜呂佳玲

發行人｜張輝明　總編輯｜曾雅青　發行所｜三采文化股份有限公司
地址｜台北市內湖區瑞光路 513 巷 33 號 8 樓
傳訊｜TEL:8797-1234　FAX:8797-1688　網址｜www.suncolor.com.tw
郵政劃撥｜帳號：14319060　戶名：三采文化股份有限公司
初版發行｜2020 年 10 月 30 日　定價｜NT$360
13刷｜2024 年 2 月20日

在不完美的生活中，
看見自己最好的樣子。